便所の民俗誌

斎藤たま

論創社

はしがき

前に『落し紙以前』という本を刊行した。出してから思うよう、また人を書かなかった。人の暮し振り、言葉がただことばとしてそこにあるのではなく、生きて、笑って、泣いて挙句に発せられること、人を活かした風景、それらを書かなかった。

これまでの本には、集めた資料を一つも無にはさせまいと、詰め込むのに一生懸命だった。『落し紙以前』は人を書いた方だ。書いた方なのだが、それでも私の頭には、それ以外のものがちらちらする。

それらを集めた方が読み手の側によく伝わるのではないか、もしかしたら、その方が面白い（?）のではないか。

「旅から」はそんな数篇です。

どうしてもいってみたいものもある。第二章「キンカクシの謎」がそれ。これについてはずいぶん方々でいわれていますね。ある本に曰く、丁字形は後ろ前に使うもので、姫君たちの長着物の裾を汚さないようにするためのものである。

姫君たちは何人いたのでしょうか、日本国中姫君だらけだったのでしょうか。不思議は、こうした漫画チックなことが後から来る人にも受け入れられていることである。

そこでわたしの論考はというと……。

これらの説に、もう一つの粗末な考えをつけ加えるものでしょうか。

装幀　森野さかな

一、便所の周辺

便所の名前

かんじょ

江戸時代の小咄を集めた本にこんなのがあった。

上方から旅をしてきた者、宿に着くなり「勘定したい」という。「いえ、勘定は後ほどで結構でございます」と主人、「いや今すぐしたいのだ」、すぐに、すぐにの急《せ》っつきように主人「そうでございますか、それなら」と大型のそろばんを客の前に持って出て、「これにてお願いいたします」、客「これでするのか」と何度も念押すが、主人すまして「はいこれでお願いいたします」、客そのそろばんの上で用をたしてしまった。

便所をカンジョと呼ぶところは広い地にありそうである。秋田県西木村や角館町《かくのだて》（いずれも現・

仙北市）、岩手県住田町世田米、山形県朝日村（現・鶴岡市）田麦俣でも私は聞いている。石川県門前町や志賀町ではカンショ、七尾市大坪や能登町二穴（現・七尾市能登島二穴町）、富山県氷見市中田ではカンショバだった。

このカンジョの名が銭勘定のカンジョウと同じ物いいであるために前の笑い話は出来上がったのであったが、これが冗談ではなく、カンジョの名前は事実銭勘定の「勘定」から起っているといったら、これまた笑い話のように聞えるであろうか。

少し横道にそれるが、山形で私どもはある種の動物の糞《ふん》をカエスといった。蚕のそれ、小鳥のそれ、鶏のそれ、山羊や兎のころころした、玩具にもなりそうなそれもカエスだった。「カエスたっじゃ」、「カエス引っかけられた」になるのである。人のはこうは呼ばず、馬のも馬《ま》ん糞《くそ》であり、牛のはびだ糞《くそ》、犬のも、猫のも糞《くそ》であった。

クソの名前は、文字どおり「臭い」からついた名だろう。鼻に強烈な刺激を与えるこれらには、たまらず呟きもれた感想をそのまま名前にしたのだろう。

ここで問題にするのは、カエスの方である。蚕を例にとってみよう、桑の名のつくものを何もかにも身のうちに噛み納める。その後で消化されない、あって益ない繊維質のかすは外に返してよこす。カスなどという言葉も元はカエスであろう。たとえば酒粕などにしても、何もかも樽に入れて、酒をしぼった後には、余分なものを返してよこす、人間の場合もこれと同じではなかったか。皮も種も繊維もかまわずに飲みこみ、後になって無用なものを返してよこす、帳場に寄って差し引きを勘定し、余計な分は返しやるのだ。雑な食べ物を量多く食した者にはそれ相応に、身ばかりを少量に食した場合はカエシの量も少なくと、足し引きよろしく勘定するのであるらしい。

奄美大島の宇検村生勝で数年前、一晩世話になった池ミヤ子さんと近所のスエマツさんから話を聞いている間に、池さんは便所に行くのをふざけて、「税金ば出《いじゃ》し行《こ》うでー」といったものだった。今話題にしている「勘定」とは趣旨が必ずしも同じではないが、差し引いて勘定するの心なのである。

そして帳場での勘定がよろしくいって支払いをすましたところが、払いの代金が少し余分だといって律気に釣がくる。これがはねである。

各地でいうボットンベンジョやドボンベンジョの頃には、はねの上るのが脅威であった。肥を増すために風呂の水から台所の洗い水やら、時にはただの水を張るなどするのであったから当然なのである。

はね上る　水せんちに手杵ぐそ

などとふざけるところも岡山の新庄村にはある。この村の央夫さん（明治三十六年生れ）は、顔までもはねかかるといったものだった。

このあたりの便所はどう作られていたのか。隣、広島の高宮町（現・安芸高田市）谷というところで私は一度見ているのだった。田原一実さん（明治三十八年生れ）がうちにはまだ古いツボ（便槽）が残っているのだといって、今はほとんど使ってない外便所を見せてくれた。

大きさは一メートル位の楕円形で深さも一メートルぐらい。穴を掘ったら小型の石積み、赤土練って固めている。子どもが六人に、じいさん、ばあさんと家族は十人、ツボが大きくないとすぐ一杯になる。

ところで私も直ぐ真似したいこの辺のちり防止の策である。上に竹の太いのを一本土の上に転がしておくのだという（上は板床）。これに糞が積み上れば重みでくるっとまわる。竹を置くところは土を少しくぼませておく。「そうしたら逃げやせんで」と田原さん。そして、ここもちりの領域であるに違いなく、

「棒渡せばちらんけんな」

といったのだった。

この一帯、岡山の西部や広島の高宮町でははねをチリといった。「便所がちり上るけに」、「顔にまでちり上る」というのだ。まさか「散る」でもなかろうに、妙な雰囲気の語ではあると思っていたが、おそらくツリ（釣銭）の意味だったのだ。

奈良県東吉野村滝野で、これも一晩泊めてもらった辻キシノさんが便所のはなしを聞かせるうちに、どんな草でも刈って入れておく。そうすれば「かえしが飛んでこんでな」といった。このカエシももちろん払いのお返し、釣銭の意であろう。

カンジョに「閑所」の字を当てている人もいる。「閑《ひま》な場所」というわけである、だが用が出来てとび込むのであり、用を待って坐して待つ、いわゆる閑《ひま》な一時があり、それで本なども備える現在の便所とは著しく異なる忙しい場だったはずである。まわりの空気まで滲み染め、「臭《くそ》う」と名づけた現物の溜の上にあって、息を詰めるどころか、その時を伸ばそうとした者などあり得ようとは思わないのである。

はばかり

カンジョが「勘定」と、一呼吸ぼかしながらもありようそのままを名にしたのを知ってから、もう一名ハバカリを見てみると、その依ってきたところがたちまちにうかがえて、これまた笑ってしまった。

ふたたび故郷のことであるが、山形で私たちは「はばかる」ということばを常に使用していた。股を広げる意味である。子どもを肩車にのせる時には、その者を立たして足をいっぱいにはばからせて、その間にこちらの頭を入れ、すくい上げる。頭が大きいのか、小さい者のはばかる限度があるものか、「もっとはばかれ」と指示すること数度に及ぶのだ。親たちなら子を持ち上げて、両肩にはばからせるようにするのである。

小学校ではよく「馬のり」をした。寒い日の休み時間、体の温みが底をついて震えが来る頃にはきっとこれがはじまった。一人が板壁などに立ち、以下は中腰になってはばかった前の者の股の間に首を突き入れて腰を抱き、次々と続いておそろしく胴の長い馬を作る。これに馬と人数を二分した組が飛び箱の要領で乗り続くもので、これほど暖房の役を果すものはない。この時も、はばかり加減の調節が要り、余り本腰を入れずに、幅を狭く立てば、かえって腰高となって乗られる時の衝撃が大きくなり、はばかるのが広すぎたらつぶれることになるのだ。

用を足す時小さい子どもは、ごくはじめには膝にのせ、両脚を握ってはばからせて両用をさせる。それから少し大きくなると、一人で地面に用たせるようになるが、その時もついてる親たちは「もっとはばかれ」とはばかり加減を教え、その後始末の折には柔らかい、ふくらみ満つ両のものが重なり合わさって、それこそ子どもの両手を地につかせても「もっとはばかれ」を強要してぬぐってやるものだった。

私たちも同様だ。はばかってはじめて用をたす。速い人では、はばかると同時に用がなされるのかも知れない、いや、その前に彼のものは進行形で、待機の時もさして持たずに気持ちよく進行をするのかも知れない。便所に行くということは、はばかりに行くということなのである。

それにしても、はばかりは、カンジョウとも違ってぼかしのかからない、あまりに直情的、露骨な表現である。子どもの口遊びに、

えっと　またいで　糞ちみれ

「えっ」といった相手に口でからかうのであるが、直ちに排泄されるものを思う。色まで現《うつつ》に見えてくることだろう。用をたす、これには少し遠慮があった。自分の裸を見せると同じことで、赤面するようなさしさわりを感じた。まして事に及んでいる時は、つまりはばかっている時は、言葉も失い、用向に専念する時なので、はばかりながら人と対することだけは避けたいのだ。

これから「憚《はばか》る」の語は出来たのであろう。

便所をはばかりと称することについては、「憚り」のことばが先にあり、おそれ慎むとか、恐縮、差支えなどの意味で便所の名になったといわれている。だが、その逆、便所のはばかりがあって憚りの語は出来たと思うのだ。

便所をさしていうハバカリの名は各地にある、それだけに「はばかる」という語はかつては尋常なる語であったことが知れるのだが、確かにこの語は便利なものである。「股を広げて」と、二つことばを継いでやっと説明するところ、「はばかる」の一語でいいのである。電車の座席で、坐る腰幅の倍にも場所をとって股を広げて坐る若い者がいるが、こういうのを今のことばでは「足を広げて坐る」または「大股を開いて坐る」というのであろうか。村のことばでなら「見っだくないごと（みにくいこと）、あだえはばかって」となるのであり、「はばがって坐るな」となるのである。

かつて「はばかる」の語は生き生きとした活気を持ったことばとして幅を利かせていた。便所に対するハバカリの名が各地に見られることでそれはいえるのである。それに恥しさや、人目をはばかる気持が芽生えたのもはるかに遠い昔だろうけれども、江戸時代の、江戸のあたりではなお「はばかり」のもとの意味は理解されていた。現在でもよく口にのぼる江戸かるたの、

18

憎まれっ子　世にはばかる

があるのだから。

フール

沖縄で、人の排泄物を餌にして豚を養う、豚便所・フールを知った時は、忽ちにその一大リサイクル術に傾倒して、出来れば自分でもやってみたいものだと、本気であれこれ考えてみたものであった。当時は山の中の一軒屋に住み、下肥は汲みとり式で難儀さをかこっていた頃だったせいでもある。

しかし、何事もそうであるように少し話を聞いてみると、どうしてなかなか細かい心づかいも必要なのである。豚だったら世話なしにそれを口にして喜ぶのかと思うと、それからしてまるっきり違う。島のいちばん北端、国頭村辺土名《くにがみそんへんとな》で山城マツさん（明治三十九年生れ）にうかがったことである。

「子豚買う時、『ふんワァ糞《くす》食えなー（この豚は糞を食うか）』と聞いて、『くえんどー（食うよ）』といったらいいし、『なま食わんどー（まだ食わないよ）』といったら、買って来た後で他の餌、人の食べた後の芋皮に、芋葉煮たのをまぜたりしたのに、竹ベラなどで糞《くす》を少しずつまぜて馴れさせる。乳離れは生後、二、三ヵ月、重さで買うから、なるべく小さいうちに手に入れて育てる。一年育てて大晦日に殺す。その一ヵ月前から糞食わすのはやめる。いい家では一匹つぶすが、四軒で一匹などと分けたりする。アンダー（脂）身の方が上等、赤身は下等、脂は瓶に入れておき、野菜料理などに少しずつ使う。身は塩漬にし、また吊るして乾す。四月の浜下りに親戚でその年に出来た子のあるところにそう大きくない切り身にして五人いれば五軒に配る。これらは一晩塩出し（塩を入れた塩水で）して食べる」

沖永良部島《おきのえらぶじま》の田畑キヨさん（大正元年生れ）も、糞を食べさせると成長が早い、また肉が柔らかくて味よいといって、子豚には最初魚を煮たのなどに混ぜて馴れさせるのだといっていた。

赤身よりも脂身が上等ということも、今とはへだたりもあろうが、脂は保存も利くし、利用価値も高かったらしい。新しい豚をフールに入れる時は豆腐をフールのところに持ち出して、拝んでから入れるものだったと、首里平良町《しゅりたいら》の糸数幸太郎さんがいったものだった。豆腐は節分に串に挿されたりとさまざまな行事の折に登場するから、多分まよけの品と思われるものだが、幸太郎さんは「豆腐のように柔らかく、大きくなるように」との願いだといっていた。

幸太郎さんとは本部町《もとぶ》の〝琉球村〟で雨宿りの間話を聞いたのであった。向こうは施設の中の立木の世話などしていたのである。この人も豚飼いの様子を話してくれた。

「島に前からいた黒豚は二百斤なるのは特大、キロだと百二十キロだ。白豚は三百斤なる。フール一囲いに一つとは限らない。子のうちは幾つか一緒にしておく。普通は一軒の家で飼うのは二頭、四軒で一頭食べるなどして他は売る。金持は一軒で一頭。正月だけでなく、盆や清明などにも食べる。金持は子を預けて養わせもした。売れた時は半分わけ」

これは国頭村鏡池でいうツクイワケというものだろう。肉も半分コなら、子豚が出来たらそれも半分わけだと。

大宜味村田嘉里《おおぎみそんたかざと》では豚を売ることはアカスというのだといっていた。巣を空にするの意だろうか。小豚のいる場所は三帖、親のためには四帖半ぐらいだったとも山城保雄さんは語っていた。

この辺で簡単にフールの造りを述べれば、腰ぐらいの高さの石囲いで、二つか三つの囲みが作られ、三分の一ぐらいの部分には石のアーチ型の屋根が出来ていて、豚は陽ざしも避けられる。前の方は、その腰の高さの石囲いの高さが人が歩くための床になるように構えてあって、それぞれの囲いの前には穴が切ってあり、その穴は傾斜して、囲みの内に落ちるようになっている。ここに後ろ向きになって用をたすのである。

この時、尻をなめる豚もいる。落ちる方は、途中から穴が大きく開いているので、小豚などはそんな真似も出来るらしい。鼻をつきつけるようにするので、立ち上ってしまう。だがこれも小豚のうちだけで、大きくなれば出来なくなる。

そうだ、幸太郎さんには、フールの様子、またフールから流れ出る肥溜の様子も伺ったのだった。そのこともここで記しておこう。琉球村のフールは石を切ったもので、中村家のフールとも同じであるのに違いない。

「琉球村のフールの材料はアワイシ、みなと川から馬車で運んでくる。金持ちでなければ使わない。アワイシは柔らかく、鉈でも削れる。普通の家では珊瑚礁の岩。石積人がいるので、頼んでおけば自分で集めて積んでくれる。家で拾って用意しておくなら、手間賃だけですむ。フールの床は傾斜していて、二メートル位離れたところに流れ込むようにしてある。溜は、穴掘ったところに石灰とわら切ったものついて固める。直径一メートル五十センチから二メートル、深さ一・五メートルぐらい、これから肥汲んで作物に用いる」

沖縄でフールと呼ぶこの便所様式を、やや東の沖永良部島ではマチ、マーチまたはマッキとなる。ここの国頭で話してくれた今井ヒサさんは「痛か時にはいたちの糞」のところで紹介する、傷跡を残している指を見せてくれた方である。家に上げて茶を飲みながら話してくれた。

「糞食《くす》わす方が成長が早い。その方が肉に味がある。糞だけでなく、芋食べさせるのが昔の豚のうまかった理由だろう。芋《うむ》の皮《フォー》やる。芋《うむ》汁（茹汁）と皮《フォー》を、また茹でた小芋をつぶしてどろどろにしてやる。豚《ウワ》喜んで鼻ならしながら食べる。外出して途中で糞したくなっても尻を叩きつけて我慢をして『豚《ウワ》にかましょ』と急いで戻った。豚《ウワ》を喜ばせるのが楽しみ、母親《アマ》などが出かける時も、子に『マチしーぶしく（したく）ないか』、また『くすまりよ』という。マチは家の後ろ、人に見えないようなところにあった」

この豚の飼育を兼ねた便所の形式も、環境衛生上問題があるとかの理由で禁止されたのは、大正時代だとも聞いている。だがじっさいにはもっとずっと後までも残っていたらしい。

同じ沖永良部島の西端部、知名町徳時の時蓉子さん（昭和五年生れ）も「戦後はしなくなった」という。この人は祖父母に育てられた。年寄などはその切りかえなども容易でなかった。ここではフールはマッキの名になるのである。

「マッキは石囲いで、カヤの屋根つき。穴ふさぐようにいわれてからも、見廻りの時には石詰めてふさいだ形にし、じっさいには使用していた。七つの年、お婆さん、お爺さんに連れられて神戸に行った。その船の上で、

中村家のフール

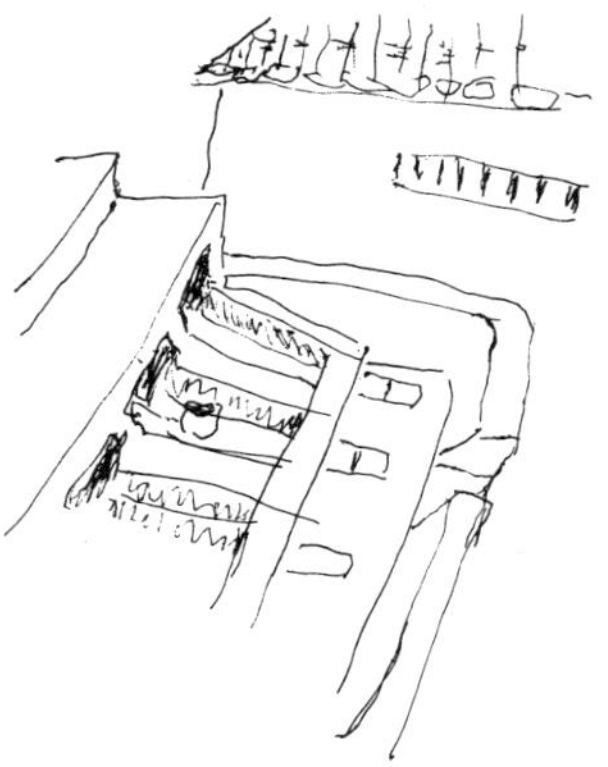

お爺さんが穴ふさがないまま来てしまって、巡査に見つからないだろうかと、お婆さんに何度もいったのを覚えている」

屋根は、つけたのも露天のもあった。あっても蓉子さんの家のようにカヤ屋根だったり、一方だけに傾斜の片屋根をつけたりする。露天の場合は雨の時は笠をかぶる。豚のいる囲いの床はわずかながら前に傾斜し、一本の溝が掘ってあって、豚の排泄物や雨水などは、大きな肥溜《こえだめ》に集まる仕組である。

フールの穴、大便を落しやる穴は、沖縄でトウシヌミという。国頭村楚洲ではトウシミーであった。ミは穴なのでトウシの穴、トウシ穴というのであるらしい。私は当初、穴を通してやる「通しの穴」だろうかなどと思った。しかし、これは通しではなくて、落しなのだ。大便を落してやる穴、「落しの穴」というのであったろう。

沖縄の参考書類の中には、これに「東司」をあてて「東司の穴」としたのがある。京都の東福寺には「東司」の扁額の上った重要文化財の東司があり、それとのつながりを言おうとしているのだろうか。仏教用語は一向に私にはわからないが、少なくとも東、陽の昇る方位にトイレが来ることは、一般の家作りにはないことである。これもひょっとしたら、オトシ（東司）だったかも知れないのである。

シージャユカ

大便所は外でも、小便所は屋内に設けたところが東北などには稀でなかった。目を失う、魔ものの歩くという暗闇に出て行かない算段であろうか。また、寒さのせいもあろうか。はっきり屋外にしめ出したところでも、冬の間だけは、灰を詰めた俵を土間のすみに置いて、それに用をすますなどをするのだ。濡れそぼったものは畑に持って行く。また、年寄のいる家など、縁側の端に少しの土間を切り、籾ぬかを積んでおいて、夜だけそこにするようなこともする、もちろんこれも肥料になり、ゲスヌカと名前を与えている地もある。

右のようなことを知ってからは尚更であるけれど、どうも気になってならない一つのことば「シージャユカ」というのがある。沖縄西原村（現・西原町）上原のことばで、昭和五十三年、那覇に船で着いて、次の日に行ったところであった。那覇とは背中合わせの東海岸にあたる村で、上原はさらに坂をのぼって行く。ここでは石原さんが、こちらの頼みに仕方なく泊めてくれたのだった。ことばがわからず、船旅の疲れがなお残っていたろう、夢の中のように頼りなく話を聞いている。「シイジャユカ」も、家の造りのことで出たのであった。一枚のカードにあるそれ、「シイジャユカ——アナ屋など、国頭からくる竹でシイジャユカを張る。釘は使わないで、一年で二回ぐらい床下の土をとって肥にする、新しい土を入れる」

アナ屋というのは、股柱を穴の中に埋めて立てるもので、現在の柱に穴をうがって横にヌヽチを通し、床を張るヌチヤ（貫屋）の一つ前の家の造りである。

アナ屋はいわば掘立て小屋というもので、上原では地の床に、台木か石をおいて、竹を編んだ床を敷いて、その上にニクブク（ムシロ）を敷いた。

床がなく、土間だったというと、隔世の気がするかも知れないけれど、少し前まではそうした家は大和でもどこにでもあったのである。石川県小松市江指の森一政さん（明治四十三年生れ）にうかがったことがあったけれど、この人の家も彼の八歳のころまで土間だった。山からとって来た赤土にニガリをまぜてこね、そりばい（反り棒）で叩いてかためる。その上に籾がらを敷き、むしろを敷く。大正初期までは村の大抵の家がそうだったという。

さてシージャユカである。沖縄も例外でなく、小便をシー系統で呼ぶからシイジャユカは、それをする床というのではなかろうか。「床下の土をとって肥にする」というのも、そうでもなければ意味をなさないように思う。

平成八年、二度目に沖縄に行った時寄ったのは、上原村とは反対の、東部の大宜味村田嘉里であった。ここは前の旅にも来ているので、その折一晩泊めてもらった家を訪ねたが、留守だったので傍の、山城マツさん（大正十年生れ）の家に寄った。私はすっかり忘れていたのだが、向こうはよく覚えていてくれて、前にもこれとまったく同じ状態でこの人の家に夕方まで待たせてもらったのだった。

それで遠慮もとけて、さっそくにシイジャユカの名を出してみると、この辺でもそれはあったという。ユカダケと呼ぶ。

「フクチチ（炊事場の土間）に出るところに床板と同じ高さに竹が敷いてあり、夜だけその上からスベイ（シバイ、小便）する。竹は直径二、三センチの丸竹を縄で編んである。幅五十センチに長さは一間ぐらい、畳丈ぐらいだ。これをユカダケといった。他の床は板張り、それにむしろを敷く、畳はうえきんちゅ（財産家）だけ。ユカダケの下にはわら灰を置くさね、フクチチではかまどに大鍋かけてわら燃す、毎朝芋炊くのだ。三めい鍋（三升炊ける）で、前日に洗って用意しておいて、翌日火を入れる。わらは燃したなりでは駄目、煙るだけで火勢出ない。棒で叩いておいてあさる。ジーユ（いろり）では薪燃やす。ガフ（自在鉤）かけて煮物などする。かまどにはわら、また砂糖キビがら（水車でしぼったから）よく干してしまっておき、これはよく燃えて嬉しい。かまどの灰は脇の方へよけておいて、すっかり冷めたらユカダケの下へやる。ユカダケの下にはシクブ（籾ぬか）も混ぜておくのだった。芋洗ったのはアラゾーキ（目の粗い大型の笊）に入れてユカダケの上に置く。また煮上ったのはソーキ（大型笊）などかぶせて、こぼれないようにして汁を切り、ソーキに入れてユカダケの上に置く」

ヌチヤ、すなわち現代の板床のある家を造るようになっても、それ以前の竹床の構えを一部残しておいたことになる。

翌日訪ねた山城のぶさんも古い大きな家の縁側で、気さくに昔の暮しを語ってくれた。彼女は竹床の構えをダキユカという。

「ダキユカ、一坪ぐらい、ここで芋食べる。トゥンタチといってしゃがんだ形、トゥンタチして女《うなぐ》は物食《むのか》むものだといわれた。直ぐに立ち上れるように。この上で夜は小便する。家族全部、男の子たちも、父親もしゃがんでする。竹にはかからない。臭いはしなかった。かまどから出す灰に、シクブ（籾ぬか）も混ぜておく。米ごしらえは二、三日分ずつやる。一番座（奥座敷）の前の庭で、お婆さんたちがやっているものだった。クラ（高倉）に積んでおいたのから一抱え出してき、竹を曲げたクダ（管）で籾を扱《こ》き、するす（擂臼）ですって、臼と杵で搗く。この搗くのはフクチチ（炊事場土間）でやる。水で浸して（そうでないと跳ぶ）。これらは女たちの仕事、子どももやる。出来たシクブはダキユカ下に入れる。ダキユカの下は一週間おきぐらいに畑に持って行く。男も小便したのは、肥を取るためでなかったのだろうかね。

稲は一年に二回とれる。半ヵ年ずつ。刈りながら四掴みぐらいずつ一束にする。家では七、八名家族、米はある方だったが、それでも米の飯を食べるのは一ヵ月に四、五回、あとはシルズーシイ（雑炊）、米五合にソーキ（大型笊）いっぱいのカンダ葉（芋づるの葉）入れる。カンダ葉はよく食べた、朝と昼は芋。

トングァ（炊事場）の土間のフクチチには、カマド大・小があり、大きい方では豚餌煮たり、芋煮たり、汁などはジユ（いろり）にガフォ（鉤）かけて炊く。フクチチは真黒なのでそんな汚れた足裏をしているのをフクチチビサ（足）という」

のぶさんの家には上げてもらわなかったけれど、その前に寄せてもらった金城ちよさんのお宅は旧家らしく、堂々とした丈長く、幅もある一枚板で床が張ってあった。この土間側に一部ダキユカがあったということなのだろう。

それにしても一つ処で用を足したり、食事をしたりするのでは、臭《におい》立つものではなかったのだろうかと心配になるが、のぶさんのいうには臭くはなかったという。下に入れる灰にはシクブ（籾ぬか）も混ぜておく、そのシクブのせいでさっくりして、それで臭くなかったんだろうとの考察であった。

灰は、たしかにこうしたものの臭《におい》を消す働きがある。大和には溜を作らず、灰をまぶして大便を処理していたところも北の地にある。籾がらとしたところにも、品が豊富だという他に何がしかの効用があったのかも知れない。また、海の懐に抱かれた島である。膝下を波に洗われ続ける島である。汚れは海が濯ぎいってくれたのであろうか。

これらの臭《におい》に関わることでは、私にも忘れられないでいることがある。昭和五十二年、奄美諸島を旅した最初の島、喜界島先内では當さん夫婦が二、三日泊めてくれた。おだやかな気持のいい人達で、御主人は大の焼酎好きである。にこにこしながら、水でずいぶん薄めたのを晩酌に飲み続ける。私が寝室をもらった母屋の方と台所のある居間の方とは別棟で、二つは廊下で継がって、そこはガラス戸になっている。時々、後には頻繁に立って、ガラス戸が開く。小用を足しているのだと途中からは勘づいて、小便所がそこにあるのだと察した。ところが翌朝見るにまったく影も姿もない。砂の庭だけである。狐に化かされたように確信がゆるぎ兼ねない思いだったというのも、尿の臭《におい》がどこにも少しもなかったことだ。いくら鼻を働かせても、廊下にも、砂にもその気配はうかがえなかった。

ただ奥さんは、ガラス戸が開く度に少々居心地が悪そうなそぶりを見せた。そしてその砂をテル（背負籠）に入れてどこかに運んでいった。その間にも問われたり、近づいたりされたくない雰囲気だったのである。

後半になって、その隣、奄美大島笠利町において、「シバリ砂」というもののあるのを聞いて、あれがそうだったのだなと思った。シバリ（小便）はユージン（便所）にはしなかった。寝室の外に砂を盛り上げたのにすまし、濡れたら肥料にテルで担いで畑に持って行ったと。

しーころころ

岡山の西北部で聞いた子どもに小便をさせるの辞

シーコロコロコロ

というのは可愛らしい。

ごく小さい幼児のうち、膝に抱き上げて催させるものである。もっとも、これはそこより鳥取側の日南町矢戸で石見生れの方に「シーコロコロ」とうかがっているし、岡山に入っての新庄村戸島、その隣の美甘村《みかもそん》（いずれも現・真庭市）神代、勝山町寺垣内でも同じに教わっている。この辺に広いのであろう。

九州熊本の北部大津町御願所《ごがんじょ》は、

シーシータンタン

だと聞いた。「シーシータンタンせいかい」などという。

また、南の薩摩郡の川内市《せんだいし》（現・薩摩川内市）平では、

シシー　トイトイトイ

というそうだ。

普通はショウベンといっても小さな者には、全国的にシーやシシーで、

「シーせんね」

とか、

「川にシーシーすっと、ばちかぶるばい」（熊本県大津町御願所）

などと教えられるのである。多分これは身体から出る時の水音であろうか。女・子どもはこれに少し上品さを加えたシッコとかオシッコなどで済ますのであるが。

一方糞の方は、ウーンと気張るゆえに、ンーとか、ウーンとか、ウンコ、オンコなど、その力みようから名付けられているのだ。

少し大きくなった子どもは、さかんに寝小便をたれた。前はわら布団だった。その前は床にわらを敷いたものだった。それだと、大して臭いも気にならないらしい。しかしそうした時代なら親も子もまだ幸せな方である。布の布団になってからはそうはいかない。大きな地図の布団を干したり、親に叱られたり、気の毒な結果になる。

九州の五木村下谷で豊原たかさんから、

「小便しかぶれば、『箕かぶせて叩くぜ』と親たち言っていたのを聞いたことある」

と言ったのも思い出す。箕は呪いの道具で、この辺では人が死んで耳ふたぎに頭にこれをかぶせて、ぞうりで叩くのである。なぜかは知らないけれど、親たちの脅しであることは間違いなさそうである。

この寝小便を各地でどのようにいっているか。前に岐阜の根尾村（現・本巣市）の由松さんから話を聞いたことがあった。由松さんは兄弟が六人、それがみなみなしょんべんこいたので大変だった。だが床に敷いて寝る麦わら（ここでは稲もとれない）もそれでも一冬に三回ぐらい替えるだけだったと。遠野市小出でなつさんやとしみさんも、寝小便しても直ぐわらを代える訳ではないので床がくさって来るといっていた。千葉の芝山町小池では、寝小便をすると「わらしぶん中さ寝せんぞ」といわれたそうだ。

南でいえば沖縄の、

ユーシバイ、ユーシバリ、ユースバル

など、小便をいうシバイとかスバルに、ユーがついた形である。

愛媛の三崎町（現・西宇和郡伊方町）三崎などではユーバレ、

「うちにはユーバレたれが二人いた」

などとなる。

山口県長門市通の、

ヨバリ

京都の木津村（現・木津川市）の、

ヨーバレ

などもこれとよく似ている。

山口では、

「この子またヨバリばった」

などとなるのである。

このヨバリとかヨバイのバイ、沖縄のシバイ、シバリ、スバルなどのバルやバリ、これらは身体の外に出しやることで、気張るの「張る」と同じ語なのであろう。太陽のさかんに光を張り出す時の「春」と、この張るとは一つ語源だろうと私は思っているのだが、竹富島で子どもが生れた時の、

「のうんはりや」(何が生れて)

と一つ語だろうとも思っている。

何はともあれ、川に小便をする時には、西都市椿原の子たちは、こんな断りをいってから張るのである。

水神さま　水神さま

小便ばらして　くだーいよ

また、寝小便に「ユ」やら「ヨ」やらがつくのは、他で多くいうところの「寝小便」の「寝」、文字通り眠っていてするものだからであろう。夜に仕事をするのをヨナベ、夜に垂れる涎をユダ

レ、夜這をヨバイというがごときである。
話は全然違う。沖縄では、ぼうこうをシーバイブックァ、小便袋と呼ぶ。

彼の地の子どもは、豚のそれをおもちゃにした。こちらでは年に一、二回、豚を殺す。その時にもらいに行き、竹筒をさし込んで風船にしたり、毬のようについたりして遊ぶのだ。伊計島の善助さんにそのあたり話してもらった。

「砂の上でもんで洗って口をしばり、糸をつけて、風船にする。またそのままついたりも。ゴムよりずっと丈夫。生のうちは小さいが揉むと三倍ぐらいに大きくなる。陽の下に出しておいたりしたら、伸びてブカブカになる。兄弟でうばい合い」

私は「砂の上で」というところから、袋の中にも砂を入れたり、ひっくり返したりしてよく洗い揉んで仕立てるのかと勝手に想像したのだが、ひっくり返すなどは出来ないという話だ。もちろん、瓶を洗うように内部に砂を入れることもない。

島のいちばん北、国頭村辺土名の山城マツさんは、明治三十九年生れだから大年寄だ。名前をシーバイブックというのは袋の略なのであろう。口に竹をさし込んで息を吹き、風船にしたことを話す。

傍から婿さんが、

「豚殺した時もらいに行くと、これはメス豚だからないなどといわれた」

と笑っていうのに、マツさんは、

「食べて大変おいしい、そのせいだろう」

といっている。

具志川市（現・うるま市）天願の平良マツさんは、シーバイブックヮ（袋コ）、喜如嘉ではスベブク、宮城島のトヨさんや伊計島や平良町の幸太郎さんはシーバイブクロといった。

便所で転ぶと

便所で転ぶと長生きしない、便所で倒れたら助からないという。尋ねたほどの人は誰でもということだから、全国、津々浦々まで広まっているのだろう。人の訃報を聞いた時でも便所で倒れたのが元だったと伝われば、さればと妙に納得したりするのだ。

これにも救済措置をこうじている地方がある。熊本の西原村中原でみよのさん（明治三十八年生れ）の教えてくれたのは、そんな時「何でもなか」といえば大事にいたらないという。インク消しで文字を無くするように、ことばの力で事実を消そうというのであるらしい。

便所の傍にはナンテンを植える地方も多く、そうしたところでは、もしそうなっても外に出てナンテンにつかまれば難を除けるなどというのだ。鹿児島県阿久根市脇本でのように、もしナンテンに掴まるのが不都合なら、と叫ぶだけでもいいそうだ。

そのことは海上遠く離れた沖永良部でも聞いた。また隣の徳之島手々では、ことにマナカ（便所）でナイ（地震）にあったら不運だという。その時は身につけている一番新しいもの、櫛とか着物の裾や袖はしをちぎって中に落せばいいという。

これらはいかにも世迷いごとのように見えるであろう。私などもはじめはそう思った。正確にいうなら、モノに囲まれた人々の逃げまどうようなおどろおどろしさは感じた。感じはしたけれど、その人々が恐怖のあまり、作りなした世迷いごとのように思った。しかし、どこに行っても同じ物言いを聞くと、それも怪しくなってくる。世にいう迷信というものにも、根なし草のように生れるものでないこと、これは今までの作業の中でも知らされたことだった。おそらく理由《わけ》なくして世に出たのなど一つもない。

生れ子は、はじめて外に連れ出される折には、まず便所に抱いて行かれる。それまでは隠れるばかりに屋内に籠らしておくのである。「せっちん参り」と称するこの習いのない地方も多いが、そうしたところで、はじめて外の空気に合わすには、これもまよけに最大の力あるらしい火縄を持ったり、火墨を赤子の額に塗ったり、刃物、切れ物を携えたりするのである。

成長期の最大危険であるハシカやホウソウには、ササ湯と称する湯浴みをし、それに鼠の糞を用いることは方々にあるが、これをわざわざ便所の前に行って行うところがある。便所の傍だけでなく、中に入ってもやるのである。

静岡の御前崎町（現・御前崎市）新谷でだいさん（明治三十三年生れ）などのやり方は、ちょうずや（便所）の踏み板の上に、これもまよけの呪具たる箕をのせ、その上に子を坐らせて、鼠の糞三粒といぐらもち（もぐら）の盛った土を入れた水をトウシのせた頭の上から鳥の羽で振りかける。そしてこちらは「証人になっておくんなさい」と唱えるのだ。同じところでいちさんは、草刈などに行って、鳥の羽があったら拾っておいた。これをしないと二度なったりすると。

沖縄でも「魂《まぶい》ごめ」などの行事にはフール（豚便所）に行ったり、ことばで「フールの神さん頼《たの》で」などというのだった。子どものうちは魂をしっかり身うちにとどめ置く術も未熟なもので、遊んでいる間にも魂を落して帰る。こんな時は子はいつになくぼんやりしているそうで、おばあさんなどが魂をよび込む業をするのだ。

これもついでに紹介すれば、膳に料理、水、塩などを用意し、まずフールヤ（豚便所）いじくうやー（行ってこようやー）といって戻り、膳のところで「早《は》くなー追《う》ーて来《く》うよ、追《う》ーて来《く》うよ」、また「屋ーいきるんしぇ（家に帰ったら）飯《めえん》・肉《しし》ん・魚《ゆう》多《ほ》く食《か》ますんどー追うて来うよまぶやー」という。大人だったら、驚いたりして魂が飛び出しそうになっても胸を叩くなどして落ち着かすことが出来るそうである。

こちらでは「せっちん参り」にあたるようなことが毎度なされるのだった。宮城島桃原では子を連れての夜行にはイラングァ（鎌コ）か包丁を持つのであったが、帰り着いた時はフルんじてから（行ってから）家に入る。マジムン（魔もの）を追い返すのだと金武《きん》トヨさん（大正五年生れ）は教えた。これは幼子ばかりではない。夜遅く帰った時など大人でもそうした。「えなかじがえかいか（いやな風がかかっているか）わからんフールめぐていくうよ」といって、眠っている豚には石でも放って起して入るといった。

また大宜味村田嘉里のマツさんの教えるところでは、人の死んだところに行った後など家に入る前にフールに行ってグーイグーイいわせる、人が行けば豚は鳴くという。こちらでフルとかフールといわれる場所は、排泄物が豚の飼料となるので、便所はすなわち豚が代行するようなのである。

便所は、魔ものから逃れるための唯一の安全地帯であった。人は魔もの（カミといっても良い）から逃れるために手のつくせる限りつくしていた。だが相手は姿がないもののこと、たとえ頭から被物をし、衣をかづき、岩陰に身をひそめたとしても、彼等の目からは逃れ終せることは出来なかった。たった一ヵ所、便所だけはそれが可能な一画であった。たとえて見れば私たちが飛行機に乗る前に通らされるセンサーのように、ここを通ることで、それまで身についたカミや魔ものはバラバラとほろき落されるのである。

多分は便所の臭さのゆえにカミやモノの寄りつかないところとされていたのだろうが、人のためには絶縁体に守られたような真空地帯で、その安全地帯でなお病気が起ったり、倒れたりするということは、これはもう前の世からの定められたこと、そういう命運にあると見られたのだ。

ナンテンに触るとか、ナンテンの杖とか、ナンテンが各地に持ち出されていたが、今に赤飯などの贈物に添えられるように、またナンテンの箸が好まれるようにこの木は一大モノノケ（除け）物である。

女の立小便

たんたんたんぼの真中で
田舎の婆《ばん》ちゃん小便《しょんべ》する
それを見ていた親蛙
お腹《なか》を抱えてワッハッハ

この唄は戦後にはやった。山形の村にも疎開の子が幾人もいたから、この子たちがうたい出したのかも知れない。

これを聞いた当座、何が「ワッハッハ」なのか私には理解出来なかった。村の女たちは全員立小便だったからだ。

立小便というと誤解を生じかねないが、男のように、真直ぐ立ってやるのではない。男とは正反対の向きで便器に尻を向けて、曲がり尺のように九十度か、それ以上に深く曲がってやるものである。田んぼに面した道端でなら、田んぼに尻を向け、正面を道に向けて行う。お婆さんなど悪びれた様子もなく、たまたま出くわせば、「今帰りが」ぐらいはいってくれる。いま九十度といったが、首だけは正面向くこともじざいなのである。それに男の場合は品物が現れているけれど、女は前はもちろん、後ろもあらわではなく、直接向くのは地面や草ばかりなのだ。

村では女は例外なくモンペをはいている。両脇が深くあいているので、袴のように前と後ろに分れるのだが、前にはおそろしく長い紐、後ろにはこの半分の長さの紐がつく。両足を入れたら、前の紐を二廻りまわしてしばりつけ、後ろの紐は一回だけ、そのまま前に持って来てしばる。

この後ろ紐をほどき、ほどきながら後ろにモンペをやや片脚上げて、前で待っているもう一方の手の内に放り込み、上げた脚も地につける時にはすでに放尿がはじまっている。その型《かたち》、一分の無駄もなく、リズミカルに動くこと見事なものであった。

家のまわりでは、男の小便所にこれをする。小便所は、家の場合は、玄関脇の大便所の壁に朝顔型の細身の陶器がついていたけれど、我が家の裏の家では、肥桶を一つ、家の前に出してあって、それればかり用の小さい屋根がかけてあった。これに用を足すごとに大変な臭気が立ちのぼる。しかしこの家では手まめに中身を運んでいたのである。下げ手もつけたままだったから、そのまま運べたのかも知れない。

だが、この朝顔型は子どもには高かった。前にもいうような立ち小便の簡便さに目を向けていた私は、何度か練習をしたことがある。これなら便所の戸を開けて、しゃがんで、また閉めるという幾つかの手間も省けるのである。

一度目はうまくいった、だがたかをくくったのがいけないらしい。二度目は失敗、腹の方まで流れてきてしまった。朝顔の縁は毛羽立つような黄色い膜が覆っている。そんなのに触れまいと、必要以上に身を固くするのもいけないらしい。とに角、高さがあれば大丈夫なのだと、下駄をはいて、うまくいったこともある。しかし、はじめの草履の時とさして変らず、勢いがつかないのがその理由か、逆流して脚に伝わりくるのだった。

山形のモンペ

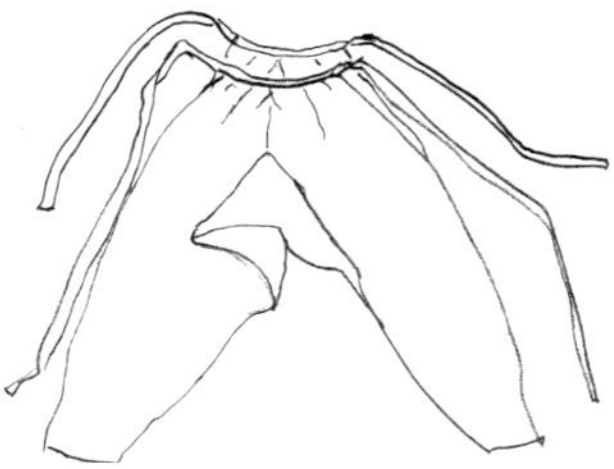

モンペを履く頃にはパンツは履かない。大人は腰巻は必ずつけるけれど、それにモンペであった。風呂にも滅多に入らないのによく臭くなかったものだと思うが、これも沖縄の室内の小便所と同じように、山からの緑の空気がさらい行ったものであろうか。

パンツといったら、笑うにも笑えない思い出ばなしがある。

私は小学中学年であった。夏の時分、東京に住む叔父が末子、私と同い年の男の子を連れてやって来た。逢うことは稀であったが、彼は私の意中の人であった。迎え出た荷物持ちの人の声がする。すでに村に入ったのだ。外に出たら、さして遠くなく姿も認められるだろう。私はこの時洋服を着ていた。夏の間は着物をやめてこのような簡単服を着ることもあったが、多分、幾らかは洒落たつもりでいたのだろう。ところが、荷も届いた頃になって、俄にハッとした。パンツをはいていない。そんなものは普段はいていないし持ってもいない。けれど洋服を着たならパンツは付き物ではないのか。

動転して家の中をその用を足しそうな、代用品になるものはないかと、うろうろと目で漁る。だが、どれも大人の股引などばかりで、とても役に立ちそうなのはない。そのうち壁の吊り手に下っている弟の国民服に目がいった。六つ違いの弟はまだ学齢前で、何でも四、五歳用の寸法であったろう。国民服は、カーキ色の目の詰んだ、カンバスのようなかたい布で出来たものである。だが、小さいだけにまとまりそうだ。それに、脚を入れるための二つの袖もあるのである。

袖幅も丈も折り返す必要もなく、ちょうどであった。だが、前の左右や打ち合わせのボタンの部分はまるっきり余って、勝手に泳いでいるそれらをたぐり寄せ、まとまるものみんな胴で一つにまとめて紐でしばる。ちょうど間に合った。

どんな対面になったのか、腰を包むゴワゴワの感もさりながら、動く度にばらりほどけて来る心配に、他のことは何も覚えていない。

〝後始末〟

よもぎとわらすべ

よもぎが柔らかくて、便所の〝後始末〟に使うにいいことは聞いていた。取ったばかりの時は、それが中心の若葉のところだとしても、さほどとは感じないのだけれど、ポケットにでも入れておいて少ししおらしたものは、使い古した布子かスエードのようで、それは気持よく柔らかい。

平成十年に馳け足でまわった能登半島は、ヨモギを大々的に使うところであった。それは半島のつけ根の富山県氷見市からはじまったのであったが、市街地を外れた、ほとんど石川県になる中平沢の集落で宮下みついさん（大正三年生れ）が話してくれた。

「もちぐさ、四月には出るが食べるぐらいで、かんしょ場（便所）に使うのは、五、六月から、秋過ぎまで蕗も入れこんで使った。でも蕗は春食べる時に取った葉を使うだけで、わざと葉だけ取ってくることはない。もちぐさは笊《ざる》に刈って来る。ちょっこり（一時間も）干して、だしかごといって木で出来た、二十五センチに三十センチぐらいの箱に入れる。だしかごはかんしょ場の前に置く家も、脇の家もある。箱一つ入れて三、四日保つ。もちぐさは、大きくなったらトンボ（穂先）だけ刈る。手で掴んで。長なった方がしなみがあっていいな。もちぐさは刈ってもまた出る。蕗もそうだけんど、もちぐさの方強い。仕事帰りなどによく刈って来た」

もちぐさが臭いことは、子どもの頃もて遊びに石でついてそのにおいの強烈なことはよくわきまえていたが、それほど強いとは知らなかった。たしかに京都の和束町でも、「何度刈っても出る」と耳にして、これがまよけの性は、臭いのばかりでなく、この性にもあったかなどと心にとめておいたことも思い出す。

宮下さんには、「今もだしかごはありますか」と問うてみたが、「今はもう巻いた紙だから」といっていた。

近くの中田で、清水きよ子さん（昭和二年生れ）も聞かせてくれた。

「冬はスベ（わらはかま）を使い、春になったらもちぐさ。蕗も食べるのに葉取った時は使ったが、大抵もちぐさばっかりだった。どんだけでももちぐさはあるで。鎌で刈ってくる。大きくなったら、トンボ（てっぺん）とか、脇から出てる枝先など、やはり鎌で刈る。四月の終り頃からもちぐさ使う。草餅を作る時、もちぐさ茹でた汁、あっちいなのをかんしょ場（便所）に入れたっちゃ、蛆殺しだろう」

七尾湾内、少しの地離れ、今は道路が通じているけれど、能登島町（現・七尾市）鰀目《えのめ》のあたりもヨモギは多かったらしい。こうした落し用の草のことはチョウギと呼び、ギブク（ギボウシかウルイか）とか蕗も、ヨモギも使い、そればかりとは限らず、家まわりの草を刈ってきて箱に入れる。それぞれ使い易いのを使い、残ったのは便所にあける。「ちょうぎなくなったぞ」などいい、母親はよく刈って入れていたと、これは私の泊まった能登島荘の六十過ぎの女主の言である。能登半島の西、輪島の南にある、門前町栃ノ木の彼女の里でのことである。

その後寄った門前町では同じチョウギの名を聞く。深見では山下百合子さん（昭和二年生れ）が話してくれて、

「秋二番を刈ってかげ干しにし、冬用にとっておく。まとめておいても悪くならず、しなしなしている。わらすべも使う、わらすぐって、切ってしばっておく。『ちゅうぎちぎって来ておかな』などいう。もちぐさは十二、三センチ伸びたところを鎌で刈る」

同じところで山本なおさん（大正五年生れ）は、チョンギカゴに入ってるのはもちぐさだったり、

スベだったり、シャクの葉だったりしたといった。

シャクはセリ科のにおいのきつい大形の草で、イタドリやススキと共にここでは刈敷にする。便所に使うのは春の若い時の葉だけである。

珠洲市鈴内では、尻拭きにすることはなかったが、よもぎは葉だけこいたり、軸ごとこぎったりして蛆殺しのために便所に入れた。ここでは尻拭きにはスベ（わらはかま）だけだった。

「わらすべばっかり」というのもこの半島には多いのである。冬は金に替えるためのわら仕事をする。漁師などに売るのだが、スベが多く出来るので、一年中それをあてるというところもある。

前に紹介した氷見《ひみ》市の清水きよ子さんも説明してくれた。

「冬はスベ、鎌柄を脚下に押さえ、立てた刃に手前から当てて切り、しばって小箱に置く。かたいようならもんで使う。昔は十二月になると縄ぬうた。田畑仕事が終るさかいにね。縄は売る。親は一冬綯って、七貫出かしたとかいった。昭和十年に家五十円で建てたくらいだから、七、八円になったのじゃなかろうか。わら仕事は三月いっぱい、遅くとも四月十日頃まで。外仕事がはじまるし、わらもなくなる。スベは山に出来るので、田んぼや浜で燃やした」

刃を立てて、わらを押し当てて切るというのは、子どもか年寄のやる形なのだろう。大人だったら押切りで切る。これら、尻拭きの用意をするのも、多く家の年寄や、子どもの役目だった。能登島町日出島の佐藤みや子さんも語りくれる。

「昔は八貫むしろを編んだ。北海道で鰊《にしん》を入れる。八貫の魚が入るのだという。スベがたくさん出来、尻拭くのはスベばっかりだった。打つ前にす扱《ご》く、打った後にさらにす扱《ご》くこともあり、これは柔らかでいい。短く切って、四十五センチに七十センチ、深さも一尺ぐらいある木箱に入れておいて使う。お婆さんがよく用意してくれていた。少なくなると、また入れる。夏用のも切って、まとめて小屋の上などにしまっておいた。蕗やモチグサは使わない。モチグサは、虫湧くさかいにといって刈って入れはした」

能登半島を離れて、富山県魚津市東城のあたりもスベだった。他のものは使わない、いつもスベだったというのは谷越フミさん（昭和七年生れ）、すぐったスベを短く押切りで切り、叺《かます》に入れてしまっておいた。

私たちは道端の畑で話をしていたのだが、途中から加わった隣人に話の内容を説明するのに、「ほら、ダスベーよ」といっている。ダスベーの名は、能登町二穴でも聞いている。

マイヌグイハシャ

私の作業の段取は次のようである。話を聞く時は小型のノートに走り書きをし、夜とか、暇をみつけては、図書館で使う（今は使わないかも知れないが）ほどのカードに書きうつす。カードはいわば台帳のようなものである。その一枚に次のものがある。

マイヌグイハシャ――一日、二日分ぐらいずつ、その都度枝ごととってかけておく。細長く柔らかい葉　沖永良部島国頭

マイヌグイガシャ　西原、出花

マイは尻のことであるから「尻ぬぐい柏」というものである。

昭和五十三年、最初に訪れた時のもので、どんな木のことか、それ以上書いていない。当時、尻拭いについて特別の関心を持っていなかったらしく、説明はこれで終っているのだ。

このあたりや沖縄方面では、もっぱらユーナと呼ばれるオオハマボウの葉を使う。大きくて、

裏打ちしたような厚手で、しわくて、料理を盛る皿代りにされたり、包み葉にされたり、重宝するのだ。その葉は、横に広いほどの丸い葉だから、カードにある「細長い」とあるのとは別種であることがはっきりしている。

だから、平成九年、再度訪れた時もいちばんに尋ねた。尻ぬぐい云々は向うにも遠慮があるように思えて、「植物を調べている者ですが」などといったのである。それで実物を見たいというこちらのねがいに、道を歩いていた男性はそばの家の生垣に混じりある枝を一折りしてくれた。

予想以上に小さい葉で驚く。ハシャ（柏）とあるからには、それ相応の物を包むに便なるものかと思っていたのである。一方のユーナが顔を覆うばかりの大葉だったせいもある。

マイヌグイハシャ

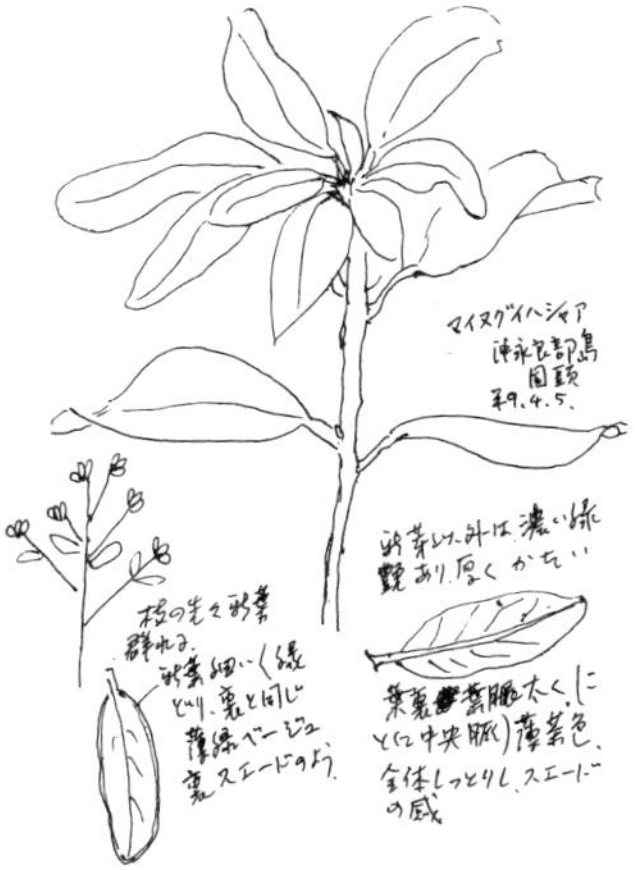

小さいといっても、小兎の耳ほどはあるのだ。枝の先々に新葉を束ねたように群がりつけ、その色は下の古葉の濃い緑よりは一段明るい色相で柔らかく、古葉もともに裏は綿毛をかぶり、薄茶色である。裏の葉脈は太い。

私はてっきり、柔らかい新葉の部分を用にあて

バンシルイ

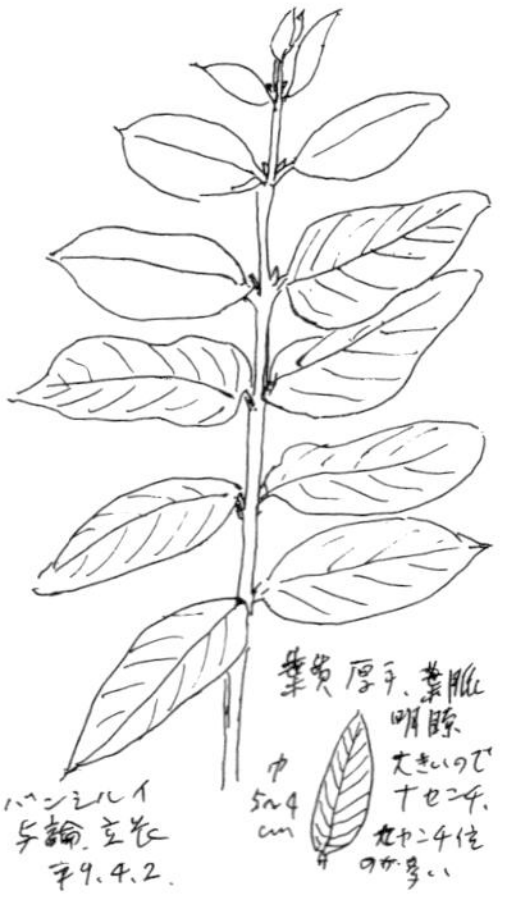

るのかと思っていたら、使うのはかたい古葉の方だという。その後尋ねたシマ（集落）でも、年長格だという福島英了さんもそれをいい、やって見せてくれたところを見るに、体の前から、葉を縦にして、前方に引いている。もう一度ふく時には、また別の葉をあてる。これならちゅうぎ（竹・木ベラ）の扱いなのである。葉っぱといえば、つい包みだたむように思い勝ちだが、ちゅうぎならその柔らかさは必要なかったのである。

そういえば、その前に立ち寄った与論島ではバンシルイ（バンシロ）を使ったと、山口美津枝さん（大正五年生れ）が聞かしてくれていた。これは通り際にあるのを見て示してくれたのだが、これも葉の大きさでは同じようなものである。幅が四、五センチに丈が十センチ弱、葉の質は厚手で、葉脈がはっきりしている。やっぱり葉の裏でぬぐうのだといっていた。マキ（豚便所）の傍、カヤ壁を前にしているので、そこに枝ごとさしておいて使った。

島ではユーナ（オオハマボウ）の葉を尻拭いにしたとは前に述べたが、これとよく似たのにオオバギというのがある。旅人の私などには腰高の木を仰いでも、ユーナかな、オオバギかなとしばし考えこむような仕儀だが、丸さはユーナどころではなく、ほとんど円に近く、葉の大きさもユーナ木をはるかにしのぐ。

これではさぞや包み葉などに重宝がられるのだろうと想像すれば、それはまったく外れていて、葉の肉が薄く、性がないものだからユーナのように皿代りになど使えない、包み葉にもすることがない。もちろん便所の用にあてることはないという。

ところで、冒頭にいう、マイヌグイハシャについての情報も得ておきたいと、それ以前に寄った沖縄本島でそのての本を何冊か見た。それらにはマイヌグイハシャのことは載っていなかったのであるけれど、オオバギについては、恐ろしい記述があるのが目にとび込んだ。引用文の最初にあるのは地方名である。

「チビカタマヤーガサ、マイクーバー、マイクンジャは何れも尻の穴が合着するとの意で、この木の葉で尻を拭くと葉液の粘気で尻の穴が合着することに由来する」

（『琉球列島植物方言集』天野鉄夫、新星図書出版）

まさかとは思ったものの、瞬間接着剤の透明な液なども浮んで、ぞっとしたものである。

この木は、やたらユーナ木と共に家まわりの立木の中とか、村内の道際などに多くある。食器にもされず、柏葉の役にも尻拭く用にもされないというのに、なんでだろうと思えば、山羊の好物なのだという。兎も牛も好む。今では島では山羊も飼うことがなくなったが、私はこの旅で奄美大島の笠利町（現・奄美市）笠利で、山際の山羊小屋の前にこの木ごと伐って持って来ているのを見ている。山羊の主の泉義光さんは、近所の人が木を倒して運んでくれたのだといい、ここでの名前はフーバ（大葉）である。

そしてこの葉を掌に取ってみれば、その特徴がいっぺんで知れる。普通の多くの葉は、尻が切れて、その切れたところに軸がついている。子どもの丸々した尻のように、二つの山が合わさって、谷になるところに軸木がつく。ところがオオバギは、葉のしりえ（尻）にまわっても切れ目がない。皿まわしの皿のように丸いものに中ほどから柄がのびているのである。

人の尻が「合着」するのでなく、この葉の尻がつぼまっていることをいうのだった。

このように少し普通と異なる形は人目をひかないでいられないらしく、三枚に切れた葉ながら、中央に軸が伸びているカタバミにも、ナー（中心）につくからとて、ナージクンサー（喜界島先内）とか、ナーゼッキ（名瀬市朝仁）、ナンヅキ（徳之島下久志、池間）などの名前を与えているのである。

沖縄の東の宮城島伊計ではオオバギをマイククヤー、チビククヤーとも呼んでいた。隣の池味ではマイカタマヤバーという名前、そしてこれをいってくれた七十五歳になるという上原さんは次の伝承も語りくれた。

「かさぎんちゅ（妊娠している人）は、マイカタマヤバーをいじるものでないといった。ヽ、ちびがかたまるといって」

出産の折に、この葉のように尻くくられた状態では大ごとだからである。妊婦が火事を見ると赤痣が出来るといったり、袋ものを縫えばフクロゴが出来るとか、襷《たすき》をかければ臍の緒を首に巻いた袈裟子が出来る等、どこでもよくいう、形の類似から来る、やみくもの迷信だが、それというのも、「棺に片足を突っ込んだよう」といわれる、出産の恐れを女たちはいちように抱えていたからなのだろう。

紙、その他

平成六年三月四日、行きくれて福島県富岡町の地蔵院という寺に厄介になった。寺では小さな離れが出来ており、そこに泊めてもらったのだが、便所に入って感心したことはロールペーパーの吊り方であった。内外板造りの、その一角に釘を打ち、それにしばって細い麻紐がロールの穴を通り、先に割箸を結んである。つまり、箸をしばって、ロールを通り、釘にしばった型だ。

翌朝寺の奥さんに聞けば、これをやったのは奥さんのお母さん、現在は東京に住むが、しばらくここに泊まっていた。ある時台所から割箸一本と紐を持ち出して、彼女も感心する、こんなものを作りくれたとのことであった。

よくも考えつくものである。私などなら、穴があいているのだから、そこを通そうとはするけれど、紐の先に底となる割箸を継ぐまでは考えいたらない。

紙をロールにしたロールペーパーはたしかに便利なものである。どこにでも持ち運びは楽に出来るし、こうと思ったところに取り付けは簡単、一枚ずつの紙を使う時のように上に石を置く必要もない。もちろんこうしたロールペーパーが一般に手に入るようになったのは戦争のこっち方だろうが、それ以前にロールペーパー、それも巨大なものが日本にはすでにあったことは思うだに愉快である。

上野さんは秩父市の相成町の出身である。彼女が子どもの頃、古障子を張り替えるにめん棒を芯にして巻き取り、そのまま便所内に立てかけておいて、それからひっ、ちゃ、ば、い、て使ったという。

もちろん、今のロールペーパーの真似をしようとしているのではない。期せずしてそのようになったということなのだろう。

背の丈もある大きなロールペーパーを前にして、うずくまっている幼女の姿が見えるではないか。

これとまったく同じ、広島の西部、大朝町（現・北広島町）筏津で明治四十四年生れのみさをさんからも聞いている。

貼り替えの時、水でしめしておいた後、竹を芯にして巻きつけはがし、そのまま便所内に立てておいて破って使う。

これは、県北部の口和町（現・庄原市）竹地谷で「竹芯に巻いて取り、後で切って使う」というのと一つだ。

これより南、いや南も南の五島列島の新魚目町（現・新上五島町）の榎津で、浦敏雄さんから聞いたこともあった。

「家では四十枚ぐらいの障子があった。六、七月頃に竹すだれに取り替える。裏の井戸端に障子を積み重ね、水をかけて行きわたった頃合いを見て、直径五センチ、長さ百二十センチ位の竹竿を転ばして巻き取り、天日で乾して便所に使う」

これはさて、巻き取った棒を便所内にそのまま置くのだったろうか、細かく切って置くのだったろうか。

こうした紙が自由になるのは後の世代であり、恵まれた人たちであったろう。それ以前は何を入れていたかといえば、道の端にある蕗であり、イタドリの葉であり、ヨモギであり、わらであり、比較的柔らかい木の葉であった。葉の他には木のヘラ、もある。

要するに何でもいいのらしい。こんな意味から野菜を入れることもあった。

青森の東北町甲地できれさんはこんなにいっていた。

「蕗、サシトリ（イタドリ）の葉、ちょっとしなびらかして使う。いちばんよかった。冬の間は大根葉干したもの、ホシナも使った。いずれも下に落す。百姓はどこも同じだった」

干菜は人のカテ飯用にするので、大量に干したのである。

また、広島の西部、大朝町筏津で男性は、さらに村をはさんで西になる芸北町（現・北広島町）中野に行ったら、便所に広島菜（白菜ようで青い）入れてあった。しおれた順に使うのだといっていた。

しかしながら、その土地によって、楽に手に入る、また便所に使うに都合がいいものがあるとなれば話は別である。

岡山の西北部、美甘村（現・真庭市）や、その隣の新庄村には川沿いに集落があり、その川にタッコロバというのが生えた。これはオタカラコウであろうが、新庄村戸島のたま子さんが教えるには、川端にあり大きな葉で黄花、何度刈っても葉が出て、蕗とそっくり、ただし蕗は冬に枯れるがタッコロバは冬も青い。刈って来て、その辺転がしておいて少ししおらせて便所に入れると。たま子さんの里は隣村美甘村の羽仁で、そこで使わなかったし、見もしなかった。ここに嫁に来てからのことである。

これに対して、間に一つ村を置いた大佐町古屋から来た、たま子さんと同年配の七十の婦人は、その里では使っていた。谷にすごくあるといっている。

また、たま子さんがいう。タッコロバは根ほどがいいといって根をゴシゴシ洗って全草、これとカワショウブ、ドクダミ、ヨモギを土用の丑の日に風呂に入れるそうだ。

牧野植物図鑑を見ると、オタカラコウのオは雄で、メタカラコウに対してのもの、タカラは意味が知れないけれど、コウは香木の香だと古書にある、と出ている。

そうなのだろう。その道をさかのぼった型の鳥取の江府町御机で、山崎操さんも風呂に入れた話をこんなにしていた。

「タカラコは大きな葉、黄花トウが出て一重のが段につく。蓮の葉に似るが艶はない。野良などで陽よけ帽にする、子供も大人も。クヨシ（蚊火）にボロ包む。蕗よりももっときつい香りで風呂に入れ、せん気持ちの妙薬、ようあったまる。湯茶色になる。根に大きな玉、がいなひげ根、玉を叩きつぶしてコモに包み湯に入れる。私は香りに好いちょる」

そこより広島に入って、比和町（現・庄原市）越原で桃代さんもオトシにしたこと似たようにいう。

「蕗ようの大きい葉、黄花、茎には溝がありすべらか、谷や、沼にある。取って少しおいてしんなりしたのを使う。香高いので牛は食わないが、草刈りに刈って来たものから除けて踏ませた。いで刈り（田に引く水、草茂ると陽ささず田の水も冷たくなる）などにもある。オトシ（尻拭き）用には籠もって摘み歩く。お婆さんの仕事」

　桃代さんは大正十一年生れで、ここではオトシにするのはタダラコと呼ぶこの葉の他に、ヒトツバと呼ぶハクウンボクを使うのである。

ウバイチゴ

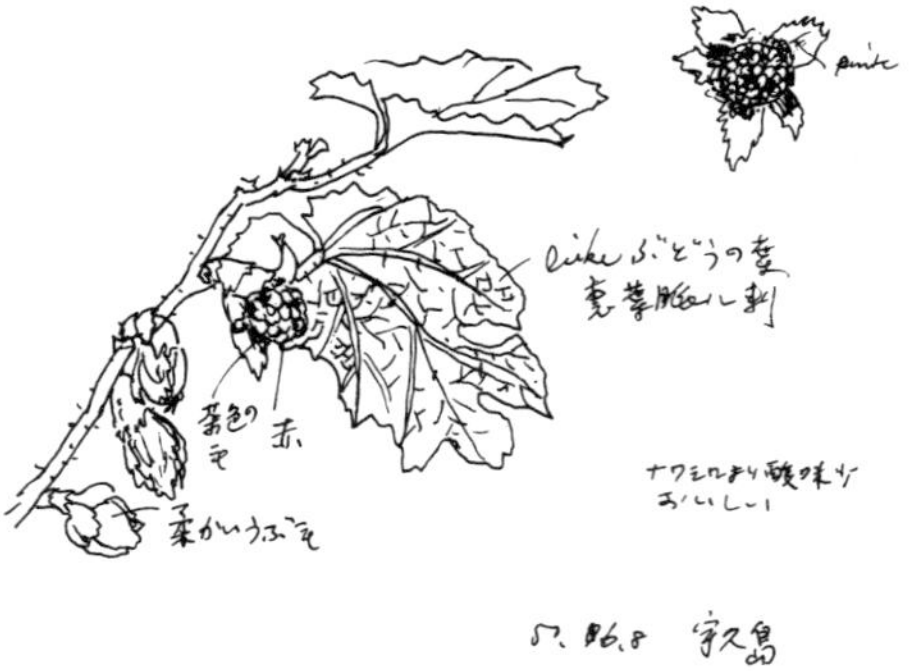

　さてもう一品、意表をつかれる刺木の葉を挙げて見よう。その苺には甑島《こしきじま》のあたりで気がついていたのだ。いや、苺とは気がつかない。ただ実がなったらさぞや大きいであろう花盛りで、しかも、まるでクズのように、やたらと枝を張り、人をかくすにも具合いい大きな葉をユラユラさせながらつるになって茂っている。

この時はただ珍しいだけで人にも問わなかったものか、その折のスケッチには名前もかいてないのだ。この折には長い旅だったのだが、それより一ヵ月半近くの六月八日、五島列島の宇久島ではじめてこの苺を食べていて、名前もウバイチゴと書いてある。何しろ大きい苺で、普通の苺の五倍はあり、大味ではあるけれど、南の子どもたちは幸せだと思ったものであった。

この苺、奄美大島に渡ったらなおなお盛んで、空地の隅には地を埋めてあるのだが、大島の北部、笠利町須野の中ハツさんに、

「イショビ、葉大きい、夏でも使う。便所に重ねておいて」

と聞いた時には耳をうたがった。たしかに葉は大きい。しかも全体茶色の毛をかぶっていてぶどうの葉に似ている。しかし、この葉裏には葉脈にそって毛が生えているのである。葉裏ばかりではなく、苺特有の刺が茎にもそれぞれの葉の葉柄にもついている。

だが、全体が柔々しいつるだから、刺といっても、他のそれのように切っ先するどくかたまっているものではないのだ。たいてい陽に乾してしんなりしたところで使うようだから、葉裏の長い刺もさして苦にならないものと見える。徳之島山ではイチュビ、手々ではイツイと呼んでオトシに使っている。山のキヨさんによれば、これと葉の小さいのと二種類だけだという。

同じ刺木で、最たるものはタラの木であろう。

鬼でやめるものは
　タラの棒で　尻ふけ
　　　　（愛知県東栄町小林）

タラは文字通り鬼の金棒のようなもので、掴みどころもない木である。遊び仲間が抜けてゆくのを嫌ってその木で尻をふけといっている。木ベラの意味らしい。
大豆の葉の唄もある。

鬼でやめる奴は
　豆の葉で　けつふけ
　　　　（愛知県東栄町市場）

豆の葉は毛が出ていて裏もざらざら、子どもがそのまま使ったら飛び上がる。でもこちらは広島などでは広く冬用に使っている。これもしなびらかしたら平気なのであろうか。

蛆殺し

コクサギとテンナンショウ

春少し暖かくなると発生する便所の蛆虫には、大いに弱る。

今の人たちには説明もいるだろうが、この虫は気持ちの悪い虫である。体の先には長い尾があり、これが湧き出すと下肥の臭さの他に、熟れたような、胸もふさがるアンモニウム臭が伴う。岐阜の根尾村（現・本巣市）下大須でオナガというのもこの尾の長さゆえ、同じく坂内村（現・揖斐川町）川上でオナヒヨロと呼んだのは、その尾をも含めてヒョロヒョロ転がったりしながら動き廻るからであろう。

さて、この項は私の蛆退治の話から始めよう。誰しも田舎で親のやっていたことをならおうとするだろう。私もいちばんには筍の皮を入れてみた。六月末になって、家の横にある真竹の筍が食べられるようになるといつも母がやっていたからだ。

だが、これは全然きかなかった。そもそも村に竹のある家が珍しかったのだから、それも当然であろう。

旅先の、たしか秋山郷を歩いた時だったと思う。便所の蛆殺しにはタケニグサを入れると聞いたので、これも蕨採りに行った折、大きなところを二、三本引きずって来て入れてみた。同じく効果は見えなかった。

秩父では、蛆に筍皮《たけのこがわ》というようなことはいわなくて、その代わりコクサギを入れるとよいという。ともかく草木の中で一番強烈な臭いを発する木とでもいったらよいかもしれない。小灌木であるが、刈り後からは草のように新枝を何本も伸ばし、緑の草いきれの中で、ムッとする人を圧するような臭いを振りまく。これは山形にもあって、私どもはただクサギと呼んでいたように思うけれど、家の裏側にもびっしり茂えていて、何かの用で裏の戸を開けた時など生き物のように躍り込んで来るこの臭いがたいそう恐ろしかった。しかし今になってみれば、強い臭いではあるけれど、それほど悪臭ではないのである。そしてこのコクサギ、今の家の前の小さな墓場の周りにいくらでもあるから、トイレには何度か入れて試してみた。これだけの臭いだから、ずいぶんと利きそうにも思えた。

しかし、これも大して役には立たない。「コクサギ入れたら死ぬんね」とはこの辺りの人たち皆のいうことだから、入れる量が少ないのだろうかとも、その時は思った。

コクサギを便所に入れることは国中にあるようだ。まえ、根尾村下大須でも「余り死なない」といい乍ら、オナガ殺しに入れるし、徳島の東祖谷山村《ひがしいややまそん》（現・三好市）下瀬上ではチャビシャギと呼んで、蛆殺しに入れる。栃木の田沼町（現・佐野市）黒沢では肥になるといって便所に入れた。

おそらくこの木には蛆虫の嫌う成分はないのだろう。多分は匂いの強いものがまよけになるので便所にも入れ、屋敷の傍にも植えることになったのだろう。

なぜこのようにはっきりいうかというと、青森の南郷村（現・八戸市）山田で丑蔵さんにこんなことを聞いたからだ。

「粟にアワガータガ（ヨトウムシ）がたかったことがあった。葉をすっかり食う。コクサギを立てればいいというので立てた、一反に十本ないし二十本ぐらい枝立てる。しかし、これはきかなかった。アワガータガは稗も草も食うが粟が最も好き」

ついでにいうなら、そのきかないコクサギを立てる他に、アワガータガを退治する方法というのはこれもおかしい。他所の地に移るのをくいとめるには四十センチほどの穴を周りに掘ると虫

マムシグサ

はこれに落ち、上が崩れて上れなくなるのだという。

さて私の場合、このように駄目押しをするような試みばかりを続けた後で一つ下の日向という集落のカジヤのおばあさんに「てんなすの根を入れてごらんな」と教えられた。てんなすというのはテンナンショウの類で、この辺りにあるのはその中のマムシグサ。夏の頃には背の丈近くもなる大形な草で、様子は全体にひどく変っており、黒い縞の花は壺のように茎の先に付き、その壺の上部の半側は蓋となって折り返し口を覆っている。マムシという名前からして少々不気味な感じがしないでもないが、この名は一本すっと立った茎に上等の麻の絣のような白や、ベージュ地に斑点のある衣を纏っているからであろう。

もし、こうした草を見かけたことのない人でも、秋になって、やはり真直ぐな一本棒の先に朱の勝った赤く美しい粒をトウモロコシのように固まってつけている奇妙な草を気にしたことがあるかも知れない。この赤い実は薬種になり、また大変な毒性があってうっかり噛りでもしたら口が曲がらなくなるという。そしてこれは実だけのことではなくて、茎を折った汁がついても皮膚の弱い人ならカブレを起す。山形の最上地方ではこれを蛇のダイハツと呼んで、薬種に根を掘り歩く人もいると聞いた。

このテンナスは利き目がてきめんであった。大柄な草であるが根はいたって浅く、小さいのなら茎を引っ張っただけで容易に抜けて来る。年を経るにつれて茎も根の芋も大きくなるが、直径が二センチ五ミリ位の一番太い方の茎なら、芋は汁椀を横に二つに切った位の大きさがあり、コンニャク玉そっくりな形で、上下から押して平べったくしたような形である。この芋を二個ばかりちょっと潰して投げ込むと、蛆は確実に残らず死ぬ。ただしその効用も日を追うて薄くなるのか一週間位するとまた少しずつ増え出す。そんな訳でついでに幾つか掘って置き、時々入れるようにしている。幸なことにこの辺りにてんなすは、林の中でも山道の土手にでも幾らでもある。

アセビとハナヒリノキ

アセビ、これこそコクサギと違って匂いは全然しないが、完全なる毒木である。各地で、腹に仔持ちの山羊を殺しただの、山羊の種つけに子供をやって殺したなどの話がなされる。それだから便所の蛆殺しなどには大人気、長野の天龍村坂部や、阿南町新野などでは、若い枝先をゴウジ（蛆）

殺しに入れたというし、静岡の大井川の傍、中川根町（現・榛原郡《はいばらぐん》川根本町）向井で樫下覚さんは、名前をベロハザシと呼んで、枝を三、四本入れると奇妙に利くという。愛知県設楽《しだら》町の金田源吉さんも、アセビの芽の出たてを乾燥しておいて振れば、ほとんど防げるといった。岐阜の坂内村川上ではアセボをうじ殺しに便所に入れ、和歌山の龍神村（現・田辺市）皆瀬や大熊ではハモレを便所に入れた。

またこんなに虫を殺すものだから、九州の方にわたって菜虫の駆除に当てている。葉を煮出してわらにひたし、大根葉などに振りかけるのだ。

さらに大釜で枝葉を煎じて、その汁で牛馬の体を洗って虱捕《しらみ》りをしたり、頭の虱退治にもその汁を使ったりもしている。

山梨の丹波山村でたつのさん親子は、野菜に虫がついた時は、ブスゴウ（アセビ）の枝を数本あちこちに立てるといった。ネギにはよく油虫がつく、そんな時だそうで、「虫がぼろぼろ落ちる」と。

例の、コクサギを立てるのと同じようだが、果してどうなのであろう。

次はハナヒリノキ。これも毒木である。しかも笑ってしまうことには、これをいじると決まって鼻をひるのであり、名前はそこをいっている。

新潟県の中ほど、栃尾市（現・長岡市）近くの下田村大谷でハナショミグサ、坂井みなさんは、葉を乾しておいて揉んで粉にして蛆殺しにし、

「揉む時、鼻しょむんだがの」

といっていた。

栃尾市新山や、六日町（現・南魚沼市）上原では、ハナションギにハナショミギ、ここの種村準一さんも、

「干して揉んで蛆殺しにする。その時決まって鼻しょむ。ハックシ」

ここらで葉を使うのはいずれも粉にしてだが、そのまま生で使うところもあり、いや生では余り利かないという人もある。十日町控木で保坂すえさんは、「こいた葉を煮立てて使った。生のはあまり利かない」というし、栃尾市中野俣の昔人のカンさんは、「粉にしておく家もあった。自分はやったことないけんど」といっていた。

これらのところ、十日町控木、栃尾市中野俣ではウジコロシの名前なのだ。その意味でのゴジゴロシの名は県南の安塚町（現・上越市）二本木にあり、長野に入ってもゴウジゴロシ（小川村稲丘）、ゴウジッコロシ（信濃町二之倉）などがある。

一方、北の地でも、ハナヒリノキの系統は多いのである。ただし、ハックションはアクショに代

るので、「いじっとアクショする」とて、アクショグサ（福島県熱塩加納村（現・喜多方市）針生）となる。宮城県鳴子町（現・大崎市）の鬼首岩入のりきえさんもアクションギ、野にある小さい木で赤味の部分もあり、枝を折ってそのまま便所に入れるとのことであった。

二、キンカクシの謎

腰巻

若い頃の腰巻は赤と決まったものだったらしい。少し年がいってくると、真赤ではなく、とき色とか薄赤になるが、それでも赤色系をと聞くものである。

その赤腰巻が火事をよけるというのは、全国的なものである。「旅から〈2〉」に紹介する南会津の舘岩村（現・南会津町）の芳賀イマノさんも、こんなにいっていたものだった。

「まだ里の熨斗戸にいた時分、井桁で火事があり何軒か焼けた。その時やまもとやのばあちゃんが赤いふんどしおっ振いやったなだと聞いていた。そこ焼けなかった」

これは直ぐ隣の岩下の集落で聞いた。

「四里下で火事があり、七軒焼けた、ふんどし振った家があり、そこで消えた」

というのと同じ火事だったに違いない。

この辺では腰巻をもフンドシと呼ぶことも知れる。男のはそれではどうかと思うと、「モッコ褌」

なのである。

昭和五十七年の旅で、その時で四十年ぐらい前ということであったが、鳥取の溝口町（現・西伯郡《さいはくぐん》伯耆町《ほうきちょう》）三部では大きな山火事があった。家財はみんな田圃に出し、火のついた立木がたって（飛んで）くる有様で恐ろしい思いをしたらしいが、幸い集落は無事だった。この時、腰巻が家なみ、門なみぱたぱたしていたという。棒の先に旗のようにしばりつける。赤がいちばんいいといった。

三重県熊野市小阪のもりえさん（明治三十五年生れ）もいう。

「近いところの火事には、どこの家でもお腰入口にひっぱった。今でもする。魔ばらいだといって」

九州に入っても、こちらでは腰巻をヘコと呼ぶので、「赤ベコを立つれば移らんげな」（熊本）といったり、風が変るといったり、竹竿にしばりつけて、家の前で男が振るといったり、対馬や生月島でも屋根にのせたり、振ったりするという。

だが腰巻の働きは火事除けにあったばかりではなく、大水にも張られた。

日本海そばの鳥取県赤碕町（現・東伯郡琴浦町）の、少しばかり内陸部に入った大熊の集落は、二本の川が合わさって勝田川になる、ちょうど合流地点にあり、しばしば大水に見舞われた。わけても昭和九年の大水には家も二軒流され、墓も流されるしまつだった。この時お腰を張った。土手のくずれそうなところに、お腰の紐で竹にでもしばって張り、そこが落ちたらまた手前の方に張る。嫁に来たのがこの年にあたっていた高力《こうりき》さんは、赤いのがいい、はやはやはやといってお腰を調達されたことを話した。村中が総出で立ち騒ぐ。高台にあるので水の心配のない隣の国実《くにざね》集落の人たちは、

「大水が出たぞ、今に大熊のもんな湯巻張んぞ」

と見ているものであった。

ところで腰巻の効能はこればかりでもない。なお数々散見するのである。日蝕、月蝕に湯巻を振ればいいといった。（青森県八戸市風張・下館みわ・明治二十八年生れ）釜鳴るのは不吉、鳴った時は腰巻うっかぶせるといいという。妻死んだ年に釜鳴った。（東京都奥多摩町・大助さん）

やけどした時に腰巻に包めばいいという。（三重県熊野市育生町、南牟婁郡〔現・熊野市〕紀和町平谷）

理由の解らない異常なことは、みな悪神の手の下したものと見た往時の人たちにとって、日蝕、月蝕などはその最たるものであったろう。今まさに魔ものに飲み込まれるところだといってたらいに水を持ち出したり、くさいお香をたいたり、鉦をならしたり、桶底叩いたり、塀を叩くなどま

よけの音を作ったりするのだ。

生れ子を浴みさせる初湯も禊《はらい》の様相示すものだが、対馬の上対馬町鰐浦では、たらいにまず母親のお腰を広げ、それに湯を満たして浴びさせるという。他ではこれには刃物を入れたり、焼火ばしをジュッといわせたり、塩を入れたり、蜂の巣を漬けたりまでするのである。

またこうした生れて間がない幼い者は、夜あるきなどはさせないものだが、やむなくそうする時には母親の腰巻をかぶせることもある。岩手県の釜石市唐丹では、その期間は百日ぐらいまでといっていた。南の与論島立長で山口美津枝さん（大正五年生れ）によると、こちらで腰巻はカハンと称し、大幅（三尺三寸幅）に紐をつける。子を夜間連れ出す折はヒル（ニンニク）を持つが、これが不如意な時はカハンを子の頭からかぶせる。

ニンニクは、今でも戸口に吊ったのなど目に出来る、まよけの親分格のものである。

生れ子は殊にモノ（魔もの）に取られやすく、親たちは、それこそ十重、二十重の垣を巡らせてこれを守るのに奔走するのである。暗いところでひっそりと生んで、そしてかくれたように産褥の間を過ごす。生れ子も当座は人と感づかれては困るとばかりに、ボロや古着などに包んで、あまつさえそれをぐるぐる巻きにしばったりするのだ。

子どものはじめての着物を「手通し」と呼ぶところは広くあるが、一週間ぐらい、布包みの日を過ごしてはじめて手の通る着物を着せるからである。この包む布を腰巻と指定する地も多くある。三日間は親の赤腰巻に包むという、敦賀市立石の北野シナさん（明治三十三年生れ）は、期日が短い方である。戸隠村（現・長野市）追通では一週間ぐらい腰巻にしばっておくといったし、岩手県軽米町岩崎の川崎タチさん（明治三十五年生れ）は「一ヵ月ぐらいかっくるまいて置く」といったものだった。

腰巻は、災を除ける、つまりはまよけの品物なのである。女は腰部をこれで守る必要があった。

鬼子

「生れて直ぐにおがおが這った、尾のあるとか、角生えた子が出来た話があった。戦後俣野にこのような子生れた。病院で母には見せられないといってアルコール漬にした。その家のそら(上)には何とか神があり、久しくまつっていない。夫が夜帰ると、誰かいるけはいがする。だが妻は知らず眠っている。鬼子だといった」

鳥取県日野郡江府町御机《みつくえ》で、大正四年生れの山崎操さんや同席していた明治四十五年生れのなみえさんの話していたことである。

鬼子はどこにでも出来たらしい。山形の白鷹町では、「西置賜に角の生えた子が出来た。母に見せずに仕末したと聞いていた」と耳にしたし、県南端の小国町大石沢では、「とんぶにキバ生えてる子生れた」との噂であった。この辺のいい方ではオニコである。「鬼コ」なのであるらしい。

岩手の普代村黒崎のあたりにも、どこそこで生れて直ぐに口をきき、直ぐ死んだなど聞えてきたそうである。片座フチさん（大正五年生れ）が語りくれるのには、それが一年に一回ぐらいあったというから稀といえるものでもないが、その時は病気がはやった時と同じように、キト（門口）に杉葉とシトギを包んでしばったものを結わえつけるのだという。シトギは米などの穀類か、豆を水につけて粉にし、握ったばかりの形ばかりの供えものである。

歯などの生え方も、鬼子かそうでないかの大きな目安にされた。生れた時から生えているような子は間違いなく鬼子であった。鳥取県溝口町三部の前田とみ子さんは語っていた。

「生れた時歯が生えていた。オニゴだといった。たまたま縁から落ちて歯が欠けたといって喜んだという。今五十歳位の人」

昭和五十二年の旅の折である。

歯が生えて生れる子は滅多にないから、鬼子とみなす根拠とするのも無理がないように思うが、親の心配は尽きない。それがこうじて「六月《む》は親くい歯」といったり、「八月《や》っ歯、親くうか身くうか」、「十月《と》とうば（塔婆）」といって、それぞれに子を捨てる真似をするとか、まんじゅうに歯型をつけて川に流すとかするのである。

それもまだいい、中には上歯から生えるのが悪いといって、一日で機にかけて布を織って着物を作り、それを人形に着せて海に流すというところも、九州の天草中心に広くある。わけもなく鬼子の範囲を広げたようだが、たとえ仮に設けたハードルでも、無事通過して心の平安を得たいと思うひたむきな親たちの姿をかいま見ないか。

だから親は子の過ぎたる成長は喜ばなかった。なにしろ「親に似ぬ子は鬼子」というほどに、初誕生などに歩くのがよくないといって、一升餅を背負わした挙句、突き倒したりするのだ。体ばかりではない。壱岐の芦辺町（現・壱岐市）八幡では、ことばをしゃべり出すなど、智恵の早すぎる子には肥柄杓を担がせるという。例の糞の威を借りて、忌避する部分を追い出そうとしたものと見える。

双子

双生児も人々は嫌った、これも普通にないことだったので異常、つまり鬼子と一つに見たのだ。

どれほど人々がこれを恐れたか、双子を生んだことのある人とのつりもの（吊りもの）はいやがった。心得のある人は、これから子を生むような人とは吊らなかった。双子を持った人とは肩組みするものではないともいう。以前はよく前掛にくるんで物の持ち運びをしたものだが、双子を生んだ人からは前掛け移しにものはもらわない。芋とか、ミカンの二つ継がったものは食べない。

それで出来たらどうしたかといえば、鬼子同様処分した。「一人しかおかなかった」という物言いがそれだし、そのことで警察沙汰になったことも聞いたりする。現に奄美大島などでは近年まで双子というものがなかった。大和（本州の方をこのように呼ぶ）の風が入ってから育てるようになった。宇検村の芦検では、現在（昭和五十三年当時）四十四、五歳になっているのが双子の最初、次に三十五、六歳のと、中学二年生のがいる。これより東の大和村名音でなら、今（同右）三十四歳になるのがシマ（集落）の双子のはじめ、二つの間ぐらいに位置する宇検村生勝では、中学生の双子以前には二人育ったのはないという。

女が鬼子、またはカミの子を孕む話は昔話などにいくらもあるだろう。五月節句の菖蒲湯についても、その由来がこんなに語られる。

大蛇が女の腹に子種を仕込み、眷族を増やせると自慢したのに、相手の識者が嘲笑って、そんなものは五月の菖蒲湯に入れば、みんな流れてしまう。それを聞いて以来、菖蒲湯を浴びることになったのだ。

この日はまよけの菖蒲を家まわりから、人の体にもしばりまわし、「女の角折れる」などともいう。また、菖蒲を束ねたもので女の尻を叩いてまわるところもある。

女は他のものに入り込まれることを常に恐怖していたのだ。

漁師の赤褌

昭和五十八年冬には、駆け足ながら房総半島を西から東に一周した。終りの日に通ったのは九十九里浜南の白子町。ここの浜宿というところで聞いたことが忘れられないでいる。話し手は浜崎ハルさん（明治四十一年生れ）、「親に似ぬ子は鬼子」だとか、「双子は前は大べらで育てなかった」などを話してくれたのだが、話すうちに彼女の従来の疑問も浮んだというようにして語りくれた。

「漁をする男たちは、舟を出したり上げたりするのに冬でも海に入る。裸で首までも入る。女は猿股一つ、男はチンチンの先をわらでしばった。しばったなりで通りを行き来する男たちもいた。あれはまじないだろうか」

ハルさんは、穴に潮水が入らないようにだろうか、クラゲにでも刺されないためだろうか、わけがわからないという表情で話したのである。

そうなのだろうと思う。まよけなのだと思う。穴を伝って迷惑なものの体内にまぎれ入ることを怖れたのだ。腰を守る必要があるのは女ばかりでなかった。男も同じだった。少なくとも最大危険の伴う海に入る男たちは、持ち物の入口をわらでしばり、まよけの赤布で腰を包まなければならないのであった。

これで水泳っコたちの赤褌にも筋道がつく。赤褌をしめていれば河童がとりきらんとか溺れないとか、フカが逃げていくとかいうものだから、よく守る子もいたのである。まして日日、板子一枚下は地獄の海の漁師たちはなおさらだ。いいかえれば板子一枚下は、海で命を落した迷う魂、亡者たちのひしめき合った世界なのである。漁師が赤褌をしめることは、日本海側でも、太平洋側でもよく耳にする。「十四、五からは立つ子も這う子も赤ヘコした」とか、「いつでもかつでも」などといわれる。年寄でも舟に乗るほどの人は赤褌をした。

魔ものは穴を通って入り込むとか、口あるもの、へこみや窪みに身をひそませると考えるようで、ここにおかしな習俗がある。

正月のことである。佐賀県武雄市東川登町内田では大年（大晦日）、菊柄とクスノキの葉をユルイ（いろり）で燃やし、家中煙でくすべる。戸を開けてその煙は外に出すが、火事がいったと思われるばかりに煙を立てるのだそうだ。この時、貧乏神が火吹竹の中に入るといって先の穴と吹き口とに紙で栓をして火にくべる。ごちゃあ（背）あぶって「尻あぶって百まで」と唱える。火吹竹は火を焚いていた時分にはなくてはならないもので、竹の一節間または二節間を利用して、節に小さい穴を開けて息を筒一つにまとめるようにしたものだ。一軒の家に何本もある。右の風は広くにあったようで、「佐賀の冠婚葬祭」などを見ると、口に詰めるのはわらで、田の近辺に捨てるとあり、「日本の民俗『長崎』」（第一法規出版）には、火吹竹にトベラをさしこんで戸外にすてるとある。

とかくこの火吹竹には、意味あり気な使い方がなされるもので、七十七や八十八歳の年祝にひき出ものにつけるところがある、その火吹竹は火事の時に逆さに吹けば火事をよけるのだといったりする。三重県の名賀郡青山町古田、阿山町（いずれも現・伊賀市）丸柱、滋賀県甲賀町（現・甲賀市）鳥居野では、初誕生の子を箕の中に立たせるに、火吹竹を杖につかせる。この折は物差をそばに置くこともあるが、箕も、また物差もまよけの行事に登場するものである。

以前の正月の風景を写した絵図などには、家まわりに標縄《しめ》を張り巡らすのはもちろん、臼にも手桶にも、柄杓にまで標縄をまわしてあって、大仰なことと批評めいた眼を向けるものだったが、それも今は納得がいく。穴と同様にこうした内に懐を持つものは、モノ、迷惑なもののひそみ入る場にもなるとの不安を抱かずにいられなかったのだ。

新潟県十日市の長里という山の村の小正月は、こんな風にして迎えられる。十四日晩、田掻きに使う縄を綯ったりなど主に縄綯いをする。そのわらくず、わざと座敷に広げ置く。十四日から十五日昼前まで仕事を続ける、十五日朝は掃かない。朝食前にジロ（いろり）には足を出さない。出すと水口《みな》がほげる（こわれる）。そして口あるもの、キビシャ（きびしょ）などもみんなしまいこむ。標は十四日外し、生の芯木に杉皮やわらを標縄使ってかきつけ燃す。

昭和五十年の旅に、壱岐の勝本町（現・壱岐市）で「やかんの口、戸口や客の方を向けないで置く」というのを奇妙な習いだなと聞いたのも、今に思いあたる。

愛媛県の海際、津島町（現・宇和島市）大日堤では、正月、たんすや箱はあけない。必要なものがあれば前日に用意しておくというのもそれである。

沖縄や奄美諸島で、八月の八日ビーとかシバサシの行事に、ススキを一つ結びにしたサンと呼ぶものを家屋敷、戸口、入口にさしてまわる、この時、それだけでたりずに家の中の臼や、水がめから、クチャ（奥部屋）などにおいておくかめ類の耳（つかみ手）それぞれに「これやわーし（これはおれのものだ）」といって、はさんでまわる。これを耳にした時も、気持があふれて場所の拡大を見たのだろうぐらいに思ったものであったが、これも一つ一つ念を押して彼等の入り込んでいない確認をとる心があったのであろう。

冒頭にいう房総半島の旅では、八日市場のそばの野栄町掘川浜がそれこそ最後の取材場になった。ここで一人の婦人も舟を出し入れする男たちの格好をうつして、

「霜柱踏んで海に入るんださけ。寒い時は間に大火焚いてあたるんだが、それから水に入るとジュッという。男のものしばっていた」

房総半島には、この風広いのに違いない。

キンカクシの謎

沖縄には二度行った。島の北端、国頭村の隣の大宜味村田嘉里で最初に行った折、当時区長であった山城さんに宿をもらったもので、二度目の時も訪ねたが、奥さんの風邪の理由で二度は泊めてもらえなかった。気の毒がった御主人が車で民宿まで送ってくれ、一寸した距離があるので、朝もまた迎えに来てくれたのである。

この人たちからは村の年寄二、三人の紹介を受けていたので、その最初の家に行く。旧家らしくて大きな立派な家だが、話はさっぱり出てこない。厄介なことだと思われたに違いない。私たちは縁側に日なたぼっこの形でいたが、そこに心配した山城さんの奥さんも様子を見に寄られ、道そばなので直ぐ二、三人集まって、これはこう、いやそうじゃないなどと賑やかになった。何ごとだと思うのだろう、隣家からも着流しの婦人が畑を抜けて来て加わった。

小柄なこの婦人、仲原秀さんはいい話し手のようであった。

昔のアンマたちのいかにつつましかったか、たとえばオシッコをするにしても、と話した。野山や道端で小便をする場合、着物の帯を外し、着物の片裾を前にもって来てかくすようにした。

仲原さんがこちらのたってのねがいにやって見せたところでは、帯は解かなかったものの、つまんだ着物は右前であった。

帯はこちらでは紐ほどのものである。せいぜいくけ紐のごときものだ。それを、二まわりまわして結びしめる。島ではみな単衣の着物だからこれで充分なのである。帯を解けば着物は帳のごとく左右に自在に動き、普段肌についている右側を引っ張り、前に掲げるのだ。

なお島の人は着物の下にメエチャアという褌をつける。男のつける褌（島ではサナジと呼ぶ）は、まず後ろに当てて紐を前にまわして締めるが、メエチャアは反対に前に当てて、紐は後ろで結ぶ。名前のメエチャアは「前当て」なのだろう。

メエチャアのことでは、思い出す度に笑ってしまう子どものうたもあるのだった。鶯の鳴き声を聞きなした唄、

いったー母《あんま》めいちゃ

幾尋《ひる》ーが
十ー五尋《ひる》

もちろんこんなに長いことはなくて、晒幅で二尺五寸に紐をつけたものだという。前をかくす習は、その後同じ田嘉里で山城のぶさん（大正六年生れ）にも聞いた。道端や畑で用を足す時（大・小便）やるもので、家では囲いがあるからしない。帯をほどいて、着物の裾で前をかくした。

のぶさんの仕ぐさを見るにも、仲原さんとまったく同じ、右前を引っ張っていた。しかし、その後本部町の浜崎荘という民宿に泊まった際、たいへん元気で宿の手伝いに来ているという八十になるという婦人は、帯をほどくことはしなかったといった。胸の方にたくし上げて、そうしたら下が自由になるので、右裾を前に持ってきて（しぐさを見るに）前をかくした。家での時はしない。原っぱや道などでしーべん（小便）する時だと。

キンカクシという用途のわからないものを私たちは持つ。下に落す穴をきるだけでことは足りるだろうに、どうでも前方に一枚たて板をつける。縁どりもない、ただくっただけの穴でも、細いならば細いなりに前板をつけるのである。

用途が解らないといったが、日ごと使いまわしている当人たちにもそれが謎なのは同じことで、折があれば自説を披露しあったりするのである。

年寄や子どもたちのつかまりどころではないだろうか。前にしぶきがとばないための用心に違いない。いや、はねでは苦労する。もともとは傾斜をなおゆるく、長さを長く、便の引っ掛かり板であったと思う。

賢明なる読者も、衣で前をかくすという最初の話から気づかれたのではなかろうか。まよけの腰巻、褌で身を包んだ人たちである。穴や口のあるものに入り込まれるのを怖れて、しばったり、栓をしたりした人たちである。たとえ一時《いっとき》であるといえども、それをあらわにすることに我慢が出来たであろうか。

キンカクシもまた、まよけだった。

思えば島では前覆いを立てることに馴染んでいるのだった。まず第一に家の前に石のついたてを置く。生はんかの大きさではない。家の正面がすっぽり隠れる、ほとんど幕のような大きさである。人がいるか、何があるかはさっぱりわからない。私は喜界島に上った時、ひもじさに食を恵んでもらおうとしたが、道を歩いただけでは、食べ物のあるなしはまるで察知出来ないのであった。

石ばかりでもなく、竹で美しく編んだものもあるが、家の前に立って、さて中がうかがえないのは同じだ。はみ出ているのは赤瓦の屋根ばかり、こちらには飛びかかる準備ＯＫのシーサー（獅子）が構えているという格好である。

二番目に、道の突き当りや角には「石敢塔」が立つ。こちらは隠すものではないが、向かってくるものの勢をそぐという、迷惑なものから人を守るということでは同じである。喜界島では、マジムンパレーイシ（魔もの祓いの石）と呼んでいた。

こちらのフール（豚飼育所並びに便所）の構えも元はこうした石を前にすることがあったらしい。今でも私たちが見学出来る中村家のフールなどは、ぐるり石の垣にとりかこまれるから様子は異なるし、またカヤ囲い、カヤ壁を前にしているならその必要もない。ただ露天にある場合は、多くそれにはついていたらしい。前にも紹介した、民宿で話を聞かせてくれた、八十歳になるというおばあさんである。彼女は石垣生れで、六歳まで向こうにいた。こちらに来てもその形は変らなかったといってフールの姿を説明してくれた。

石囲い、豚の飼うところは二つあり、用便する穴も二つあった。穴のそれぞれの前に、二十センチぐらいの幅で、しゃがんで胸の高さぐらいの石が立ててあった、前をかくすのに。

そういうことなのだろう、つまり、向かって来る相手に対していちいち着物の裾でさえぎらないですむように、石の前覆いを常備しておいたのだ。

　これで私の長い間の疑問も氷解する。沖縄とは正反対、北のアイヌの話である。網走博物館において、チャンチャンキなる、いちばん下の肌に着ける守り紐とも呼ぶものが何点か展示されていた。それ以前にも北海道アイヌの間では、女が組み紐を巻いていて、ポンクッなどと呼ぶのは聞いていた。研究者の間では貞操帯とされているものである。

チャンチャンキ

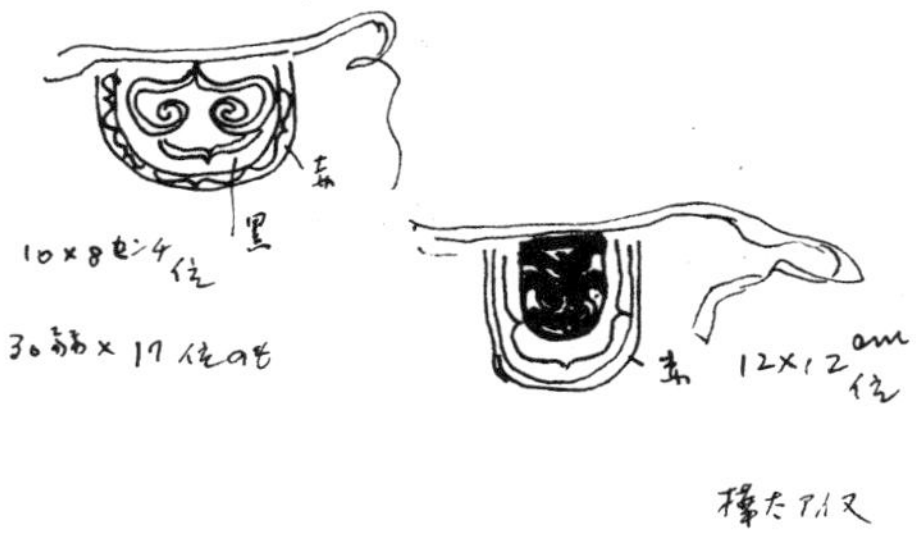

　ところが網走のものは、男もしめる。それだけならいい、布製の帯の前に当る部分にまるい覆い、いってみれば前掛けをごくごく小さくしたような前垂れがついている。寸法は、十センチに八センチぐらいと、十二センチに十二センチほど、また特に大きいのは幅三十センチに十七センチ丈のもあった。いずれも、黒地に赤とか、赤の端どりとかの美しいアイヌ模様を施したものだ。小さいのに女用、大きいのが男用とあったのかも知れない。

　それにしてもこのベロのような覆いは何だ。

私の粗末な考えでは、前掛も各地にいわく因縁が語られて、女の腰巻同様、まよけの一種であったらしい。肌に巻いたポンクッと一番外側の前掛との、これは中間地点にあるのではないか。こんな次第を『生とものの け』（新宿書房）にも書いたものであった。

たしかに、そのような変遷をたどったのかも知れない。しかし今はその考えが線太くこちらに訴えて来る。むき出しになる時の、いや内にあったとしても邪悪な目から局所を守るためだった。

私はその後、樺太から戦後引き揚げて来た金谷フサさんに逢って話をうかがっている。それによると、守り紐はランクッといって母親はずっとしめていた。前当ては前当てのついたので別にあったらしい。男はそれの大きいものをやっていた。チョッチョンケという。他に褌はテバと呼び、兎のなめし皮で作ったりしていた。こんなことを教えてもらっていた。

大和の方でも、沖縄の石の前当てと似たものを眼にすることが出来る地もあったらしい。「日本の民俗『神奈川』」（第一法規出版）の中に次のように見える。

「愛甲郡愛川町半原では便所のタメの上に二本の渡り木を渡し、その前に石が埋めてあり、これをネコイシといって蛇よけになるという」

みながみなとはいわないけれど、二本橋の時代にも何か心される装置はあったのかも知れない。右のように石を埋めるとか土間に仕切りを設けるとか、小屋がけをしたら入口にお祓いの品を下げるとか。板張りになっても、その遺風が深く心に染みわたっていたために、身体は勝手に動いて造作の一部のようにかくし板をとりつけた。そんな気がする。

村入口の金精さま

旅をしていても、金精さまといわれる類のものにはあまり出合わなかった。お寺には宿を貰う都合上、また、葬送行事に関心があったので、墓には行ったが神社にはほとんど近づいていない。神社の一画とか、それに類する小祠の中に金精神は祀られているのらしい。そういえば、一度は境内に木で作ったのが山と積まれ、子のない人はこれを借りて、子が出来れば三つにして返すのだと教えられたこともどこかであった。

話を聞きに寄った家で何体も見せられたことは、二、三度あった。村にまつるところがあるが、最近はみんな持って行かれるから、家に持って来てあるのだという人もあったし、座敷、床の間だろうか、カーテンを引きまわしてあって、巨大なものを拝観させてくれた人もあった。遠路はるばる拝みに来る人もあるという。

これらは、もと村の辻、入口の道祖神、塞の神といわれるところに多くあった。木のものよりは石の棒状のものも多くて、今でも祠の中になど納まりあるらしい。秋田文化出版の『石』（長山幹丸著）を見ると、秋田県下だけで陽形石の数七十余にも及んでいる。多くサエノカミと呼ばれているそうだが、一メートルを越す堂々としたものも多いらしい。長野県佐久市北沢のものなどは、二メートルにも及ぶとまた別の本にある。

旅する者には、普通眼にするものではないと述べた。そんなら、塞の神、道祖神のところに見受けられるものは何かといえば、私の場合は、縄の張ったものであり、車の通行にさしさわりがあるので、ただ片側にたぐり寄せてあるものであり、大きな片足の草履であり、杭に赤布をしばったものであり、小さな祠には麻が吊るされ、穴の開いた石が吊るされたり、トタンほどの、ただ金物というだけの劔だったりした。いや、巨大なわらの蛇にも何度か合っているし、縄を張り渡したのに大きな杉玉を吊るしたりしたのも見た。

縄を張るというのは、ツナツリとかミチキリと呼んで、一年に一回の行事となっているところもあるが、風邪や病気がはやった時に何度でもという地方も多い。縄には杉枝やシキビ、木を削った刀、それにナンバン（唐辛子）、ニンニク、ナンテンなど、除けごとの行事に顔を出す常連が吊るされるのである。

こうした道の境に置かれる金精さま、そびえたつ石の陽物、木の雛形がどんな性格かは想像するに難しいことではないであろう。

　まよけの種類にはいろいろある。まず第一番には赤い色のもの、これは火に、さらに奥にはヒ(陽)とも継がっているのだろう。それからくさいもの、代表されるニンニクなどは、今にも家の入口などに見られる。刺《とげ》のもの、これは節分のヒイラギやタラの木で代表されよう。音、爆竹や拍子木など。新しくは鉄砲も加わる。死に難いもの、日照に強いスベリヒユが門守りにされる例などだ。

　そして中に子沢山もある。正月の数の子に代表されるものだ。

　まものは、相手をそこなおうとやってくるに違いない。だがいくら力をつくしても、いくらしゃにむにはげんでも、次から次に後に控えた子どもたちが現れるのでは力つきるではないか、いいかげんにいやになるではないか。やって甲斐ないものなら、はじめからよけて通ろう。

　思い出してもらいたい。記紀で、黄泉国から逃げ帰る段になって、追いかけて来た女神と問答をする。女神がいう、「私は民くさを一日に千人ずつしめ殺そう」(神はえてして人を損ねるのが本業なのだ)と。男神がこたえる。「それなら私は一日に千五百の産屋をたてよう」。

　陽物で村を囲んだのは、この無駄を知らさんがためだ。いくらやっつけられても、無尽蔵に子種をもたらすものがあるとの示威だ。

かくて村々には金精さま、陽物が林立して人は守られて暮した。辻や境に置かれた金精さまばかりでなかった。まつりに供えるといって数を増やすこともあった。岐阜県久瀬村（現・揖斐郡揖斐川町）小津の秀雄さんたちのように、一月八日のヤマノコ（山の神）に、栗の木でドベノコ（陽物）と、馬の脚一本（ひづめを描く）とを作り、山の神のところの二本の木の間に縄を張り、それに吊り下げる。秩父では、木で簡易にそのような形にしたのを、正月に水神《すいじん》さまに上げるのだ。どこの水神さまにも見られるものだったという。

小正月には、サエノカミサマの祭だといってこれを引きまわすところもある。三尺もある木で作ったものを子どもが二人して担ぎ、家々を巡って銭などをもらうのは栃木県粟野町（現・鹿沼市）入粟野だ。

めえよし　こげよし
めえだまこぎァござった

と唱え、後、道祖神に供えて、そのあとドンドンヤキをする。

長野県美麻村（現・大町市）の千見のオンマラでは、ヌルデで子一人に一本ずつオンマラを作り、

これらは紐つけて担いで持ち行き、

　銭かんじょう　かねかんじょう

とて、上り端に放り出す。

対馬の西海岸、女連のせぇんかみさまでは、ハシレギ（ヌルデ）で二十センチぐらいに切り（これをホダレと呼ぶ）、二つを間隔をあけてしばったもの戸数分作り、他に男根、刀、槍を一つずつ作る。子ども担ぎ棒にこれらを振り分けにひっかけ、二人で、または中にもう一人入って三人して肩に担ぎ、さいの神のところに行く。それから家ごとにテボ（竹籠）の古いのをもらい受けて、積み上げて焼き、その火の上で作り物をあぶってぱちぱちいわせ、そのまま燃す、燃しながらに囃した。

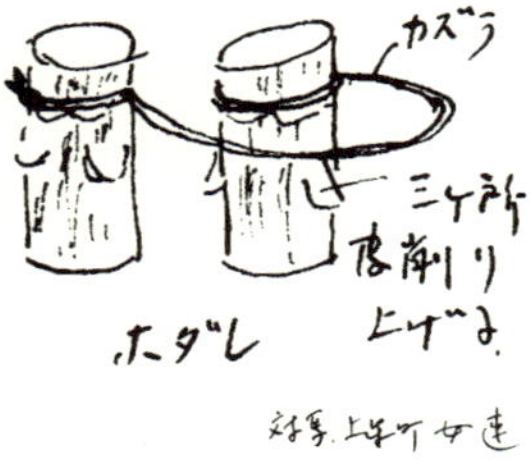

　せぇんかみァ
　火ー事だ　火ー事だ
　焼けぼぼ　毛ぼぼ

おちんさんと　おめんさんと
つったてもったて
やれやれよー

とかくこの塞の神まつりやトンドは、男女のことに進みがちなのである。山梨の芦川村上芦川のあたりでは、これを「エロまつり」という。ネノさんがまつりの様子を聞かせてくれた。

「十四日は娘が夜中歩いてもはなしがいだ。だんし紙二つ折にしたものを綴じ、男たちが男女の交合姿態描いたのを、皆で見たり、女にも見せたりする。この帳面はベベマラ帳ともいう。おこやといってモミの木枝で二尺ぐらいの小屋のようなの作り、それにベベマラ帳入れてみこしにして担ぐ。杉でくす玉も作る。道祖神のところでどんどん燃やし、帳面も、

ボボの帳面　ちゃちゃ見ちゃん

といって火に燃やす。ドンドン火にはまた、

どうそじんは馬鹿だ
　蜂にマラ刺されて
　てんてこ　でんの　まつりだ

と囃すのだ。ドンドンビは悪病入らんようにといって正月と六月二度燃した「どうそじんは馬鹿だ」とか紐をつけてこづきまわされたり、火に投ぜられたり、あまつさえ「さいのかみの馬鹿じご」と、はなはだ軽い扱いを受けるのである。もともとが、モノ（魔もの）除け物、祓いの道具としてあったからなのだろう。

また、まつりなどの晩には、性の解放がしばしば取り沙汰される。昔は男女の性に対しておおらかだったことがいわれる。当然という空気の中で夜這が出来たのだし、男が何人もの妻を持つなどもこれであろう。境や辻に据え置かれた静まり返ったこれらモノ除け物に対して、人の行動を伴う、「動」の世界でもまたそれらはあったのであろうか。

山の神

山では怪体なことも起るらしい。夜なかに人がしゃべるような音がするかと思うと、立ち木を伐り倒す、ばっさり地に落ちる音が聞える。こんな時、それから猟師なら不猟続きの時、また道具類など失せ物に困っている時、男は褌をほどいて、自分のものを見せる。小便をして見せてもいいそうだ。山の神は女で、それを見るのを喜ばれる。結果、猟も与え、失せ物も得らせてくれるという。

山の神への捧げ物としてはオコゼが有名である。山の神のまつりにはこれを供え、品物はなくとも、気持だけは供えたつもりらしい、オコゼの文字を描いて上げたりする。猟師の間では宝物か秘伝の巻物でもあるようにして、代を続けて守るものもある。そしてこれにも右に見合うような物語が出来ている。山の神は世にも稀なる醜女である。オコゼもまたその方では名高いものである。これを見て山の神は、己れより醜いものがまだいるといって機嫌よくなられる。

オコゼは確かに特異な顔つきをしている。醜い人をさして「おこぜのような」とか「オコゼに灰まぶしたような」と例えるほどで、名にしおう容貌ではあるらしい。だが、山の神を喜ばすというのはどうであろうか。

この魚は大変な刺魚である。背に一列に植わった刺があり、毒を持って、さされたら医者にかかっても駄目、ひどく痛む。これは底にいる魚なので、海に潜る女などが刺されるのである。そばの岩と同じ色になり、見つけ難い上に、飛んで刺すという。どこでも「こわい魚やね」と怖れられ、それは数々の奇妙な手当ての法が出来ているのでも解るのだ。

能登半島では、多く女が海で潜るのを生業《なりわい》とした。門前町深見などでは、「深見の女は大抵くぐった」という。男に舟に乗せてもらっていく。ここでのオコゼに刺されたときの治療法は、男の下の毛を貼るというものだ。舟を操るのは夫には限らない。若い男などは、恥ずかしがっているそうだ。また別の町鮍目などでは、小便かけるともいう。この辺ではキビの煎じた汁、これは赤い色になるからそれのまよけであろうか、それに漬けるので、どこの家でもキビ柄を取っておいたし、クスノキらしい臭い木を煎じ漬けたところもある。

それに山の神に供えるのは、オコゼばかりでもなかったらしい。カサゴの種類も選ばれている。『にっぽん食物誌』（平野雅章・講談社）には、

「和歌山県西牟婁郡和草地方では、このミノカサゴは山の神がいちばんお好きな魚だというので……山の神に供えるため……争って買い求める風習があると『紀州魚譜』にある」

と見える。『魚の文化史』(矢野憲一、講談社)によれば、カサゴを九州方面ではヤマノカミともいい、山の神の供物にするそうだから、これも広く通用しているのだろう。

そしてカサゴも刺を誇る魚だった。背びれや尾びれにひどい刺《とげ》があり、刺されると「痛い痛い」という。他でいうカナガシラ、シャチホコというものと同じだと思うが、対馬でシャチホコの説明をするに、「背に並んだ刺あり、カチカチカチカチ音立てて刺を何段階にも折りたたむ。同じように元に戻す」と、聞くだに怖気をふるいそうにいう。この魚、対馬の他、壱岐長門市や、愛媛の津島町では入口の戸口の上に釘で打ちつけたり、吊ったりしてまよけにしているのだ。前の『魚の文化誌』にも、「佐渡などではこのカサゴのかんぴたんの干魚を軒先つるしまよけとしている」と出ている。

オコゼはまよけなのである。

山は恐ろしい場所であった。海と並んで、はなはだ人に恐怖を与える領域であった。それはこれらのところが危険で、人の命の取られることが多かったということなのだろうが、つまりこうして無惨に死んだ、迷う魂の、ひしめき合う場所というのだったろう。お守りもまよけも持たないではすまされなかった。

女・子どもなどは、こうした深い場所に入ることはなく、ほんの山の端を通り、山の畑に行くぐらいだったが、それでも子どもの首にはまよけのニンニクを吊るし、また母親もかんざしに一つ抜いていくとか、髷《まげ》に針をさしたり、金物たる古銭を持ったりしたのである。

すっぽり深い山に納まった男たちのおそれは、この比ではない。目が働きをやめた、切り分けるほどの闇夜である。今まさに相手は山一つの黒い固まりとなって覆いかぶさろうとしているのかも知れない。進みきた彼の牙、まさに指先に届こうとしているのかも知れない。ただ通行するというばかりではない。木挽や猟師など、あらかた山にこもっている人たちもいるのである。

オコゼが強力な威力を持つとなら、誰もみな持つことを願ったであろう。オコゼでなくとも、まよけにいちばん力のあると思われている昼の光・陽にも繋がるらしい火もたいたであろう。火縄を持ったりもしたであろう。刃物だって携えたであろう。

だが、それらを何も持ちあわせない場合もあった。時をかまわず、髪毛が逆立つような邪気を感ずる時もあるのだ、体がざわざわして、そのあやかしの波の寄せくるのを全身で教えることもあるのだ。

その時はどうしたか。お守りやまよけを持たない丸腰の場合はどうしたか。我が身に備えつけている、自前のそれを出して見せたのだ。

いや、まよけの代りにと今述べたが、村を囲んだ陽物のごとくに、それが他の物には勝るモノ除け物と見ていた人たちも多いのかも知れない。

そういえば宮古市小角柄で宮崎さんという男の人がいっていた話であるけれど、コレラがはやった時、木で男のものを作って家入口に吊るせばいいと、近くの山田町生れの人に聞いたということであった。村をとり囲んだばかりでなく、家入口にもそれはあったのだろう。

南会津の旅では、舘岩村（現・南会津町）木賊の民宿、福本屋に泊まった。後述の「旅から〈2〉・福島県南会津」にある、叔母さん夫婦を紹介してくれた民宿である。道から少し高みにどっしりと構えた居宅で、屋根がカヤ葺き、その屋根も葺き替えが行われたばかりらしい新しさである。中は大きないろりがあり、これでイワナを焼いてくれたのも嬉しい。朝食後、奥さんが「見せて上げる」といって裏座敷にいざなった。わらで作った、巨大な男と、男ばかりでなく女も対に組み合わせて天井からぶら下っているのだった。このあたりでは、棟上げの時に棟木にしばりつける。うちでは屋根を替えただけだったのだが、職人たちが引出物だといって一きわ大きいのをつり下げてくれたのだという。

是非にも見たいといって来る客もあるそうで、特別待遇を受けたようであったが、こんな大振りなものの吊られた下でねるのは、さぞうっとうしいだろうなと一人思ったものだった。

家を建てた時、まよけの桑の木や、ミズキ、縄などを棟木にしばりつけるのは全国的である。わらで編んだ作り物の男、また陰陽をとりつける風は福島県下に広いという。

だが、これもまよけだったとわかれば、見方も変わる。人々は、村の入口、境や辻のいたるところに林立する石棒や木の棒に守られたばかりでなく、見上げる屋根の下、この力あるもので覆われ、平安のうちに眠りについたのだ。

三、はいはい婆《ば》さんの白《しら》まんじゅう

はいはい婆《ば》さんの白《しら》まんじゅう

昭和五十年は、私の旅で最も長い十ヵ月の旅だった。淡路島からはじまって、四国、佐田岬から九州宮崎に渡るというコースで、宮崎郡の田野町（現・宮崎市）にいたったのは三月二十九日だった。出発したのが二月の初めだったから、ほぼ二ヵ月近くたった頃になる。田野町でも上桜町という町方の方で、当時集めていた子どもの遊びのうち、ことば遊び、口遊び類は村よりも町方に多いことを知って、まぎれ入っていたのである。

お婆さんをと教えられてうかがった川添ミネコさんの家の周辺は、わけても人の動きが活発であった。傍に一軒家が建ちつつあって、何でも娘の家といったようであったが、今日が建前だという。それじゃあ邪魔だろうと尻込みするこちらに、私は婆さんで、格別忙しい仕事もしていないからと座敷に上げてくれたのである。それでも料理の下ごしらえの野菜を刻んだり、中でも嫁さんと覚しき人が運んで来て二人ではじめた鶏肉のさばきようも、一人で大丈夫だからと請け負って器用にやっている。鶏の手羽を唐揚にでもするのだろう、肉をはがして俗にいうチューリップにするのだが、コツがあって腱か何かを切り離せば、容易に逆さ向きになるらしい。

私たちは、比較的のんびりと子ども口遊びなどの話をしている。

相手が「うん」と返事したのにあげ足をとって「うんだらつやせ(腫んだら膿を出せ)」というのは、広く他地方でいうのとも同じだ。では「はい」と返事したのには何といいますかといったのに、

はいはい婆さんの白《しら》まんじゅ

ところが私には、白まんじゅというのがまるっきりわからない。それで「白まんじゅって何ですか」と大威張りで尋ねた。

そもそも最初から妙な雰囲気であったのである。ミネコさんは小柄なほっそりした、そしてつつましやかな美しい人であった。お婆さんといっても大正十五年生れなのである。それが体を揉むようにして、全身で笑って二度、三度言い淀んだのだ。こちらのたっての求めに応じて答えはしたが、さらなる右の質問にいたって、ミネコさんはいっそう深く身をこごませて手先の仕事を

続けながら、白まんじゅとは女のあそこだと教えた。

まんじゅとかまんじゅうと呼ぶのは広い地であるらしい。鹿児島でもそういったし、前の東北の大船渡市でも耳にしたものだった。そういう地の人たちは、私たちが「まんじゅうを食べる」とか「まんじゅうが好きだ」など話すのを耳にして、少しばかりでない片腹痛さを感じたのに違いない。人のところの名前はおおっぴらに口にしても、自分たちの物言いは何ともいいにくいものなのである。

たとえば昨年頃から、沖縄の米軍基地の代替地候補の一つとしてへのこ（辺野古）の地名がラジオなどでしばしば放送されることになった。はじめてこれを耳にした時はギョッとし、今にいたるまでも穏やかならざる気分は消えず、また同じ気持を共有する者がどのくらいいるだろうかなどとも思う。山形で、私たちはその言葉がそっくり男のものをさす語だったからである。

もっともどの土地でもこのようなことは起るもので、沖縄では男のものはタニ（種）という。学校で「種」の字を習った時は恥ずかしかったと、大宜味村田嘉里の仲原さんの娘さんがいった。それに対して、ここでは女のものをホーというので、英語の「4」を聞くと今でも気になるとは、その母親の秀さん（大正八年生れ）がいったものだった。

どう突きは今では見られないのだろう。私の小学二、三年生の時、カヤ葺屋根の校舎が古くなったので新築した。高いヤグラを組み立て、そこからは何本もの縄を垂らし、それは頑固な重みの丸木の切株にしばりからめてある。その反対の縄尻を村中の男女が握り、唄の調子に合わせて縄を曳いては胴木を持ち上げ、握りを離しては下をかためる。重りの元には二人ほどついていて、場所設定するのである。

どう突唄には、とかく人を笑い転がすものや、また男女間の交渉ごとなどをうたい込むものが多い。たいそうな力仕事であるし、何よりも単純動作の繰り返しには笑いでもなければ勢いがつかず、そしてまた突くというこの動作に、何かのさまを連想させ易いものらしいのである。

どう突唄のわけても愉快なものを教わったのは、天草半島上島の北端、有明町大浦の浜崎ちさ子さんからであった。

親にゃすまんばってん
うちのかかきれしゃ
今朝もはがまでぼぼ洗《あろ》た

当地でのどう突きには、ヤグラの上にササと鈴をつけ、縄の曳手連中は手拭の端を紅に染めたものをかぶるそうだ。

何でことさら「はがまで」といぶかしがる人も、今の若い人たちの中にはいるかも知れない。大・小自在のプラスチックの容器に溢れかえっている現在とは違って、水の入るものといったら大袈裟なたらいか桶か、家に一つ、二つだけある大鍋に羽釜ぐらいなものであった。もちろん笑いを作るために羽釜は持ち出されたのだろうけれど、ひょっとしたらあり得ないことではないとの思いがまた笑いをさそうらしいのである。

子どもの手まり唄にもこの類は引き合いに出されることで、福島の伊達町（現・伊達市）伏黒ではうたう。

おらが隣のちっちゃ婆《ば》ーさま
鍋コに水汲んでカイポ洗て
その手でおしゃかの団子こねた
おしゃか臭いとて取って投げた

さて、前の唄にあるボボだが、これも全国規模にあるらしい。私のかつて住んだ秩父市浦山のつゆお婆さんから教えてもらっていたのも今思い出した。これは麦つきの唄である。

おまんぼんぼん　ぼんぼの毛は
百本つなげば　江戸まで届く
おもしろや

このあたりは終始傾斜で水田は少しもなく、主食は麦であった。小麦はこういうことがないのだが、ノゲの長い大麦を搗くのにうたったのだという。

百本で江戸まで届くとは大きいことをいったものだが、とかく、そこの毛の長いことは話の種子にもなるらしく、東京の多摩町（現・多摩市）でも原島さんから、

「ひむらのおとうさんは、三歳の時からツビにけばが生えたという話だった。髪の毛のように長くなって切るのも厄介だからしばっておいた」

などと話を聞いたこともある。

子どもの遊び唄で女の持ち物の紹介に及べば、螻蛄《おけら》を捕えて問うこんなのもある。

ケラーコ　ケラコ
んがえの母親《アバ》ベッタ
なんぼほどおっきい
（秋田市金足、上新城中）

ががさんぺ　なんぼおっけ
（宮城県河北町〔現・石巻市〕横川）

お前のかかの　べべ　なんぼだ
（宮城県河北町長面）

嫁っこ嫁っこ　かんだの嫁っこ
石わらで転んで　赤べっちょ出した
出した
（新潟県安塚町〔現・上越市〕須川）

最後は嫁入行列の嫁をあまされ盛り（いたずら盛り）の子が囃すものである。花嫁には石をぶっつけたり、水をかけたり、塩をふりかけたり、豆まきのように炒豆を打ちつけたり、時には鉄砲まで撃ったりと、奇妙な風習が各地に残っている。多分はこれに添い来るかも知れない魔物を逐い払う趣旨ではないかと思われるのだが、囃し立てるのは言葉の飛礫《つぶて》というものか。この時ばかりは囃し手の悪童連も大威張りなのである。

山古志村（現・長岡市）の種苧原では、こんなに囃す。

嫁べっちょ　蜂が刺《さ》いた
嘘だら　こいてみれ

女のものをいうこの名称は、山形の私たちもほとんど一緒だった。委しくいえば、濁らずに「ぺ」となるぐらい。

子どもの唄でわけがわからなかったといえば、もう一つ、種子島の鵜の鳥を囃す唄があった。

鵜の鳥　鵜の鳥
おはぎを広げて
もち張れ

これは平山の唄、茎永では、

うのだー　うのだー
もち張れ

こううたうと、両翼を広げもち（性器）を張ってみせるそうである。

ぼうずぼっくりやーまいも

ぼうずぼっくりやーまいも
煮ても焼いても　くわれんぼー

「くわれんぼう」は、いわずと知れた彼の持ち物をさしているのだろう。
木登りする男の子を囃すのに、

男の木登り　下から覗けば
棒だらけ

というのが山梨県御坂町（現・笛吹市）下野原にはある。一方、女には、

女の木登り下からのぞけば
　穴だらけ

ずいぶんえげつないようにも思われるが、簡潔にいえばそのままなのだ。子どもの物には、その棒に「小さい」をつけて、チンボやチンチンになる。小鳥などの罠に、それが外れることによって罠が働く肝心要の小さい棒切れをつけるが、これの名がチンコであり、チンボであり、チョンボであり、チンチロリンと、ほぼ同名である。

女に負ける　馬鹿野郎
ちんぼを切って　うっちゃあれ
（山梨県小菅村）

これも喧嘩のうた。船木松和さんという男性から教わったものであったから、女からというよりは、男同士ではがゆがってうたっているのかも知れない。

嫁ココっちょ向け
いいものくれる
ちんぼ皮むいて
みをくれる

例の嫁囃しの唄である。静岡の小笠町や相良町でうたうが、小笠町の高橋原では「さあ、おくんなさい」といった嫁さん（二度目だった）がいたそうである。
同じ名称を読み込んだ唄はまだよけいある。

ゆいぞこないの　聞きぞこない
馬のちんぼの　おいぞこない
（岐阜県津汲村〔現・揖斐郡揖斐川町〕）

これは事実が伝わらなかった時に囃すものだ。次は「知らん」といったのに上げ足をとる。

知らにゃ　新町《しんまち》　河原町《かわらまち》
やいて　叩いて　赤ちんぼ
（愛知県東栄町）

知らにゃ　しんやの　赤ちんぼ
（長野県阿南町）

おいやの森で　相撲とって負けて
兄貴これ見よ　ちんぼの先真黒け
（滋賀県日野町）

これは「おい」といった者にである。「いや」と拒絶した者には、

やだら屋根やの

黒ちんこ　なめな
（栃木県足利市名草上）

また「何？」と聞き返すのには、

ないだら　木の株
下ったら　牛のきんたま
（高知県池川町〔現・仁淀川町〕）

なんだらかぶす　煮たら大根
下ったら　きんたま
（愛媛県美川村〔現・久万高原町〕）

次のは、きぬとか金治とかキのついた名の子を囃すものである。

きぬ　きんだま　落しなや
わーしが拾たら返《かや》すけど
鳥が拾たら　くてしまう
（奈良県吉野町）

なれなれ柿の木　なろうと申しぇ
ならんば　うち切んぞ
向えん野郎《じや》どもの　きんたまんごと
ぶらぶらと　なり下がれ
（天草栖本町《すもとまち》〔現・天草市〕打田）

正月十五日の成木祝に、柳の削りかけ、ホッポで叩いてまわる時の唄だ。男の持ちものの呼称には次の一種もある。しりとり唄である。

となりの婆さん屁をたれた

屁はくさい　くさいはニンニク
ニンニクはからい　からいはナンバ
ナンバは赤い　赤いはフズキ
フズキは苦い　苦いはトコロ
トコロは毛ある　毛あるはダンベ
（山形県寒河江市幸生）

おおきにだんだん牛の糞

おおきにだんだん
牛のくそ
（宮崎県北郷村〔現・御郷町〕板元）

だんだんの
牛の糞《べい》
（天草有明町〔現・天草市〕大浦）

牛の糞は馬のそれと違って水気があり、そのため私の田舎でなどは「馬ん糞」に対して「びだ糞」と名前がついていた。びったびたびた中の水気が出て来るほどで、それが段々に積み上げられるから唄のだんだんはあるが、この辺では「有難う」を「だんだん」というので、それにかけている。

黙った黙った
牛の糞　べったり
（岐阜県美山町〔現・山県市〕笹賀）

物いわず　語らず
牛の糞《くそ》　べたべた
（高知県香我美町、野市町〔いずれも現・香南市〕）

返事をしないのを囃すのだが、こんなものを踏みつけた時には誰しも言葉を失うものであろう。

ちょっと見れば　チョンノスメ
また見りゃ　馬糞
（長野県長谷村〔現・伊那市〕非持山）

チョンノスメはミソサザイのこと、何やら宝物に見えたものが、目を凝らしたら何でもなかったという。次は「おい」と呼びかけたのに、

おいは　大分《おいた》の
馬《まん》糞　拾い

（大分県野津原町（現・大分市））

「馬糞拾い」が出たところで、沖縄にはおかしい唄がある。

いった　うっとぅと
わったー　うっとぅと
馬のくすひろや
あんすがひゃ　上等

＊お前の弟（妹）と、私の弟（妹）と馬の糞拾いや、あちらの方がまあ上等。

（沖縄金武《きん》町）

拾った馬糞、牛糞に「上等」もないものだと思うが、沖縄近辺の島では焚物にもなったのであった。家の火を絶やさないのを理想とするのは、焚木に不自由しがちなこの島の方でもいうことで、沖永良部島では、牛糞を乾かし、わらで巻き包んで煙草火用に畑に持って行ったというし、また、火をつけたのに灰を被せて火を保たし、一日保つという。牛糞は前にもいうように幾段にも重なって落ちる。その重なりの一段ずつを燃すのだという。また、アダンの木の下で塩をたく。家まで潮を運ぶのが大変なのでそうなるのだが、その釜の焚物にした。牛は外の広いところにつないでいて夜家に連れ帰る、そうした場所で落したのを拾って貯える。おばあさんなどが笊にそれらを拾い集めているものだった。

まぐそ　まぐそ
その手でお釈迦の　顔なでた
お釈迦はおこって　横向いた

これは愛知県東栄町で唄う振りの入った毬つき唄である。「まぐそ、まぐそ」で一つつくごとに毬を手の内に掴み、「顔なでた」でも一拍掴み、もう一方の手で頬っぺたをなでる。「横向いた」でも同様にして顔を横に向ける、これも、馬糞を拾ったところのようである。

痛か時にはいたちの糞

子どもたちは、かくのごときに口さがない連中である。何をいえばこれ、これをいえばあれと、体が文句を覚え、口はただそれの吐け口となっている。

しかし、何の道にも師匠がなくては適わないとおり、彼等の師匠はまずもっておばあさんなどである。この人たちは、生れた時からこんな呪いをしているのである。例えば、子の面相を見て、何とか美人に仕立てたいと思い、鼻をつまんで、額を押しやり、こんなことをいう。

額《でび》引っこんで　鼻高くなれ

このような次第だから、小さい者が腹痛を起した時などは、さっそくおばあさんたちの奮闘するところとなる。

そもそも小さい者たちはしょっ中腹痛を起す、自分の身のほども知らず、食ったり飲んだりして皮袋はぱんぱんに張り、吐くでもしない限り、腹痛を訴えてただ泣くことになる。
こんな時、おばあさんたちはどうするか。

屁《へえ》んなれ　糞《くそ》なれ
屁んなれ　糞なれ
屁んなれ　糞なれ

これは岩手県岩泉町小本の小成チヨさん、三回唱えるといい、そう唱えながら胸から腹をさすってやるのだ。同じ県北部の田野畑村島ノ越のモンさん（明治十八年生れ）は、そういって腹を揉んでやりながらに、煙管のヤニを紙に塗ってヘッチョ（臍）に貼ってやることもしたそうだ。

屁は屁の　在《ざい》さ行げ
糞は糞の　在さ行げ
（岩手県田老町〔現・宮古市〕摂待）

いんにゃ　なーれ
犬《いん》コ《グァン》　食《くろ》うそ
猫《まや》コ《グァン》　食《くろ》うそ

奄美大島、西海岸名音で川畑ミエさんがうたってくれたもので、いんにゃは子どものことばで糞のこと、猫はどうか知らないけれど、犬コは喜んで馳けてくることだろう。

さて、こうした子も長じて一人遊びもするようになるが、そうすると転んだり、ぶっつかったりして、これまた何度も泣くことになる。そんな時のおばあさんたちのやり方、

ちんこのまじない　猫の糞
ねった膏薬　ひねこの皮
フッフッフッ

（三重県尾鷲市）

最期の「フッフッフッ」は息を吐きかけてやるのだ。ベソをかきかけた子も泣かずにすむ。

ホーホのまじない
ニャンコのおんこつけたら
ついなおりました
（島根県八束村〔現・松江市〕遅江）

私が東京に住んでいた時分、永福町（杉並区）の小さな同じアパートに、熊本県人吉市から来ている予備校生がいた。ある時母親が出て来たというので、お茶に招んだが、その席でお母さんから教えてもらった当地の唱えごとである。

あぶらうんけんそわか
猫八幡大菩薩
痛か時には　いたちの糞
かゆか時には　鳥の糞

良《ゆ》うなりがたにゃ　幽霊の糞
べーたりつけて　そらゆうなった

この時もフッと息をかけ、「おまけてフッ」「も一つおまけてフッ」ともやったりする。カードにしているこの記録には、聞き取った年度は昭和四十六年と記している。この年の春には東京のくらしをやめたのだったから、その前の冬あたりのことだと思う。

さて、これらの呪い唄に、猫の糞やら、いたちの糞、烏の糞、はては幽霊の糞にいたるまで盛んにこの語が登場する。私は当初ただの気をまぎらわすためのもの、おかしみを伴う口から出まかせ、ととっていたが、近頃はまるっきりつながりがなくていったとは思われなくなってきた。

前の本（『落し紙以前』）にも書いたことだったが、熊本県五木村では子の熱さましに、んまやに行って牛の糞をとり、子の手の腹、足の腹にべったり貼りつけ、布で巻いてそのままししっかり子を抱いていたという話などを聞いたためでもある。そうでなくとも汚物には呪力があるらしく、扱いが気安い小便は火事を消すのに使われ、わけても落雷による火事には効力発揮するという地があり、切り傷にはいちばんで、傷ふさがって肉ふえるなどという。小便の何かの成分が傷にいいというのではなく、火事にしても何にせよ災は悪神によってもたらされると考えていたからの、それをよける呪いなのである。

沖永良部島国頭の今井ヒサさん（明治四十二年生れ）の左の人差指には今もへこんだような傷跡がある。アダンファ（アダンの葉）を鎌で刈っている時に刃がすべって切った。アダンファは当時焚物にしたのである。母《あま》がちょっと端へ連れて行ってシーバイ（小便）ひりかけてくれた。その後でナベヒグル（鍋墨）と石油をねりまぜ、皮を持ち上げてくわせ、皮をかぶせてしばり、痛くなくなったら快《なお》ったことだといった。そのとおりすっかりよくなっていた。今も入墨したように青黒い色が残っている。

同じ糞とはいいじょう、鼠のそれも手軽さの最たるものだ。それでだろうか、いろんな呪いに顔を出す。子が生れての初湯には、刃物や塩の呪い物と共に鼠の糞三粒などが入れられるし、難産には鼠の糞を飲むというところもあり（新潟県下田村曲谷）、後産が出ない時には、さん俵に犬の糞のせ、頭にのせるというところもある（鳥取県平田市塩津）。ハシカの治りかけには禊《みそぎ》と思われる笹の葉で湯を浴びせるササユなどと称する行事もあるが、それにも広くで鼠の糞が入れられる。

天草半島の有明町大浦のそれは、こんなである。

はしかが盛りを越えた頃、ササユといって子の頭にタカバッチョ（笠の一種）かぶせ、潮を笹にひたして振りかけた後、五穀（米・稗・小豆など）に鼠の糞をまぜたものを振り、

やくせろ　やくせろ

と唱う。「やくせろ」とは「厄失せろ」なのであるに違いない。ハシカなどは最も重い神厄だといわれているのである。

静岡県下田市のあたりなら、ホウソウ貝という全身刺だらけの貝殻と、鼠の糞を水にひたし、笹で振りかけては「おやくがすみました」などと唱えるのだ。

沖縄県西原村伊計の金城善助さんの話したことだが、こちらでは山に行った後に出来る、ブツブツのかゆいできものをバンノウフウという。これが出来ると、竹のちびぬぐやー（尻ぬぐい）を焼いて、その煙をさば（草履）の裏であおぎかけるようにするのだったという。

伊計は橋が出来る前までは島で、ここには竹がないのでバケ（笊・籠）など製品になって渡って来たが、チビヌグヤーはこれらのこわれたのを折って使った。

すべては便所に、そこの主人公、糞につながるのである。

火マラ木ー

沖縄方面では女のものをビーといい、フォーと呼び、ピーと呼ぶ。「火」と一つ名前である。それでこんな唄もある。

トゥベラ木《ぎ》ーの臭さ
あんぐゎほーの臭さ
うり生《な》ちぇる親や
ゆくる臭さ

トベラ木ーの臭さよ
お前のホーの臭さよ
それを生んだ親は
もっと臭い

これは伊計村の金城オタケさんやトヨさんたちから教わった。あんまりいい例ではないけれど、トヨさんたちは浜辺で網引きをする、その時にふざけて唄ったりしたそうだ。トベラは臭い木で有名なもの、九州あたりでも「トベラボボ」のいい方がある。

これらのヒと、次のヒ（火）とは関連あるものかどうか、それよりも火を作るヒマラギーのマラは男性をいうのであろうか。

琉球の島々では火が日常的に作られた。畑に行く時には火縄にして持ち行ったり、発火道具を携えて火を作ったりする。煙草火だと説明されるが、その執着するさま、赤ん坊を連れて歩く時には火縄を持ついわれのように、呪術的な意味もあるのやも知れない。

さて火を作る次第である。宮古島城辺町保良の下地正一さん（明治三十三年生れ）の畑は、家から五百メートル位の近い距離にあったが、父親は毎度火を作った。まず、下の台となる堅い板状の木の台に、小穴をうがっておく。この窪みにゆるくもきつくもなく底を接するような、台よりはかたい材の棒を用意する。棒はこすりやすいように丸く底はすりこぎの如く滑らかに削り、下部はより太くするのである。これを台の穴にはめ、棒には重りがついて、糸をからんだ引き手もついているので、右手でこの手を引いたり縮めたりする。棒のてっぺんには貝殻をのせてあって、左手ではそこを押さえる。この道具をフズ（Zu）マという。

フズマを三十分か四十分やっていると「ぷめきんかなーぷめき（次第にほめいてきて）」、黒い火の粉が出来るので、ぴらんかいし（農具のピラの上に）あけ、一所に集めるようにして、左手で揉んだ

フズマ

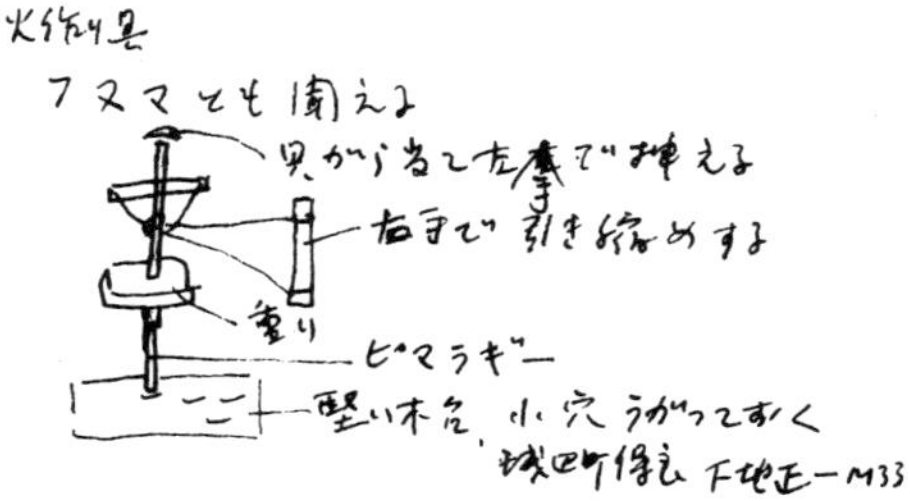

アフタ（あくた）の上にこぼす。風の力で、またはそれが弱い時には息を吐きかければパッと火になる。

マヅパタヅ（タイマッ）を作り、火をつけた方を風に向けて土で埋め、煙管を口の方から差し込んでやって火をとる。マツバタヅはススキの生葉で間隔をせまくしばるもので、一尺五寸ぐらいで一日保つという。フズマは雨にぬれると駄目になるので、家に持ち帰る。

私の気になったというのは、この、火をもみ出すところの棒が、

ピマラギー

というのであった。赤ん坊でも生れることは「まれ」とか「まり」とこちらではいうのだから、「火を生み出すところの木」とでもなるのだろう。

隣の石垣島白保で明治二十三年生れの東川平ましさんも、ピマリキーと呼ぶところは一緒だった。アクダゴという木の腐れた木で台にし、同じ腐木の中芯のかたいところで、イリ（錐）のようにしてすりつける。

「ピマリからピー出す」

といい、用意の悪い者は、

「ピマリキーの無《ね》ーの借《か》せ」

といって借りに来た。

大和のことばにもこの類がなくはなく、ホトという語などもあった。いろりの、火の燃える周辺がホト、ホドでおそらく「火処」というのであろうか。焼餅などはホドに埋めて焼くのだ。

一方、火を作り出される受け皿の方も女にしたのだったら、棒の働きを男のそれに見立てることはなかったか。男のものには、見るだにおどろおどろしい、摩訶不思議な漢字を使っていい表す語があるが、これなども、ピマラギーのマラに関わる名前ではなかったのか。

すり鉢とすりこぎも、男女に擬せられることがありそうだが、八重山ではすりこぎを「ダイバのブゥトゥ（すりばちの夫）」という、こんなこともあるからだ。

め〈女〉

奄美諸島では目をムという。

英語のMuにより近い、メとムとの中間音のような、内に籠った音である。マツゲはムンケ、目蓋はムフタ、目のゴミはムンチリ、ただれ目はムーハガ、盲はムクラという。

私たちは、穴といえば人間の住むようなものでも錐を通すようなものでも「穴」と一つに呼ぶが、島ではこれを分けており、窪のように口が広くて、底の浅いものはコモリと呼ぶ。芋（さつま芋）を植える時、畑に穴を掘る、これはコモリである。収穫した芋は大きなコモリを掘って貯え、コモリバヌスと呼ぶ。春の蛙もまだすっかりは体を現さず、「コモリに入《い》っちゅ鳴きゅん」だそうだ。

一方、蟹の穴、入口が小さくて奥行きのあるような穴がムである。「畔《あぶし》のムーなん蟹《がん》いちゅん」となるし、チグフという二枚貝も、浜のムクヮ（ムコ）さがして採る。小さい入口から入って中にひそむ章魚《たこ》穴も、徳之島では「章魚《とん》メ」である。

目と穴とはどうして一つ名前なのだろう。人間の眼も顔の中の穴だからメと呼ぶのだろうかなどと思ったり、いずれにしても、島の人たちの特殊な発想だろうと思いながら旅から帰った。だが少し落ち着いて考えるに、私たちも目と穴とを一つ名前で呼んでいるのである。

竹で編んだ籠にはたくさんの穴があいている、中で殊に穴の粗いのには「め籠」というのだし、編み物をすれば、編みのめが大きい小さいといい、布の品定めをする時も、めが詰んでる、めが粗いといい、着物を縫う時は縫いめ、それを縫う針の穴は、針のめである。

錐のような穴をあける小道具は「め抜き」だし、寒くなれば板戸の節穴などに「め貼り」をしなければならない。壁のすきまを埋めるのは「め塗り」だという。

さて、メと呼ばれるものの中にもう一つ、女をいうメもあった。

男と女のもっとも大きな相違点、それは、女が、子を孕む器官を持っていることであろう。すなわち、女《め》は「め（穴）を持つところの者」の意ではなかったろうか。

あまりに直截的な名であるようにも思われるが、母親に対して「おふくろ」の名がさして抵抗もなくまかり通っているところを見れば、口に出さないというほどのことはなかったのだと思う。大事な子どもの生れる穴と思えばなおさらのことである。八重山地方ではMuではなくて、ミと発音するが、生れ出る場所は子の生れる穴、「まりミ」と呼ぶ。

そういえば、与那国にはこういう唄があった。

大月《うぶしき》と　太陽《うぶてだ》と　上るみやひとつ
波座間のしゅうと　我《ばん》との仲やひとつ

月や太陽もこのようなミを通って、日々生れ変るのらしい。

だから女にこの用を足す穴がない時は問題だった。ないことはなく、あっても道が通じない、今なら小さい手術を施すようなものではなかったかと思われるのだが、これも手助けする男の人たちがいたと人々はいろいろにいう。

天草の有明町大浦で宿を恵んでくれたちえ子さんの話では、その用を頼まれる男をアナバチワッドンという。比較的年寄がなる。大浦では留どん、楠甫では作どんだった。作どんが、ちえ子さんが産婆さんなので、その屋の嫁の産で出向く度に、頼まれた話を聞かした。親が連れて頼みに来る。謝礼は米一升に豆腐一箱（大豆一升分）だったという。

またちえ子さんの話に、須子の谷上透どんの嫁さんは、はじめ同じ村、繁さんの嫁だった。「穴なし」だといって一、二ヵ月で戻された。二度目に行った家で何年かして子を持った。さらにカ

マという人、終戦時分、夜這に行ってもしきれんという話で、今も一人で熊本にいるという。（この項のみ仮名）

メが女を表す語であったなら、地方の数ある方言の女の呼び名に、たいていこれが含まれることも不思議ではないのだ。

ミーラビ（石垣）、ミヤラビ・メイラビ（沖永良部島）、メーレ（西表島）、ミーヌガ（与那国島）、メッツ・メタ（熊本）、メロ（石川）、メノコ・メロコ（福島）、メラシ・メイ（山形）など。「メラシが勉強して何になる」などといわれる。

古語のメノコなどもそうだろうし、ヒメ（比命）などもそうだろう。

また、動物の雌をいうミー豚《ワ》ー、ミー牛《ウシ》、ミー鶏《ドイ》（沖永良部島）などのミーも、それかも知れない。

四、旅から〈1〉

秋田県角館町

角館《かくのだて》の、桜皮細工の店などの目立つゆったりした通りを抜けて橋を渡り、玉川の西にまわる。このあたり川に近いというよりは山手にかかり、雲然（くもしかり）という難しい呼び名の村だ。しばらく行くうち、通る道際に一つの寺があった。車道には雪がなくなっているが、寺は本堂までいたる道がまだ雪で、折しも何かのご縁日でもあるらしく、詣でる人たちの姿あり、本堂からは鐘の音と読経らしいざわめきが聞える。

道から入った直ぐのところには六地蔵か、屋根つきの小堂にまつられたのがあり、こちらの目をひいたのはそれに供えられている供物のいろいろだ。そういえば、昼も真近かったのだが、その用意もしていなかった。供物の中には赤飯を盛ったものもある。ここでお下がりをもらっていくことにしよう。しかし、そこからは本堂に向かって一直線で、行ったり来たり、一人、二人の人の姿が絶えない。あまりあからさまで行動に移りかね、それなら墓の方はどうだろうと、本堂横の少しばかりある墓地を見るが、こちらは半分雪にうもれながら、まるっきり詣りを受けた形跡がない。今日の主役はあの地蔵尊たちばかりらしいのだ。

しょうことなしに、本堂から出て来た一人のおばあさんを捕まえる。彼女は小柄な人で、小さな手押車を持って来ており、その中から上衣を出して羽織ったり、のろのろとスカーフをかぶったり、手袋を指一本一本にしごきはめてと、人にまといつかれたのを何とも不都合という様子で帰り仕度をしている。こちらが尋ねるのにも上の空だ。しかし、とうとう逃れられないことがわかって、尻拭きに使ったという草のことを話してくれた。

山にある。七、八センチの幅に丈は二十五センチぐらい。五本でも十本でも一株から生え、根っこが大きい。取ってもあとまた生える。夏でもいつでも採って、大根葉を干すように縄で編んで干し冬中の分にする。これ使うと下の病気が出ないといって一年中使った。冬まで取っておいても虫がつかない。

はじめはギシギシかと思った。しかし問い質してみるとそれではない。どうもはじめて聞くような草だ。今は冬なものの、自分の家の近くにならその草があるというので私はついて行くことにする。寺の出口にいたり例の地蔵堂の前で、私は、昼の弁当を持っていない旨をいい、お下がりもらって帰ろうと思うというと、おばあさんは急に勢いづいて「鳥に食われるばかりだからの」

オサグサ

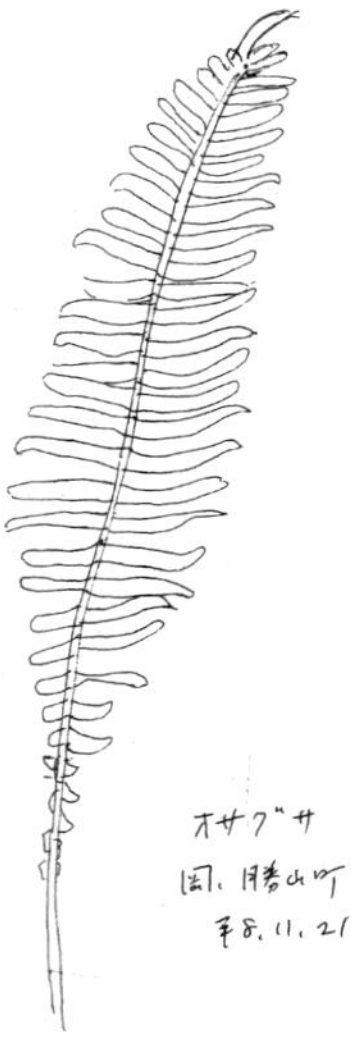

とはや菓子の選択に入っている。当方は、二、三軒の赤飯を味見させてもらった上で、いちばん量の多く入ったパック詰めの一つをちょうだいする。おばあさんの方は菓子の袋二つと、好物なのだろう、もう中身が半分量ぐらいに減っているものだが、砂糖の上塗りをかけた紫蘇入りせんべいを追加した。

それにしてもおばあさんの家は一向に現れない。集落を過ぎ山道にいたって改めてうかがうと、何と次の村、東村を越え、次の八ツ割を通り、その次の下延の集落だという。家から寺までは小二里ある。ずいぶん遠くまでお詣りに来たものだ。

だが、次の東村を越えて山道にさしかかったところで、その草に出会うことが出来た。たえさんが、枯れ草で覆われた土手を指して「あれ」とだけいう。ススキなどの枯葉に覆われている中に幾つもの緑の株がたくましく息づいている。シシガシラであった。

この草はムカデにも似て、左右にギザギザ切れた翼を出している。拭いものをするにはわけても不似合いな品のように思えるが、たえさんの手許を見るに、長いのを真中でただ二つに折っただけの形である。葉は中表に合わせている。

一見不適材ともいえるシシガシラが、決してそうではなさそうなこと、また、一人、たえさんばかりでなかったことも、次に通った八ツ割集落で知れた。道端で立ち話し中の二人の婦人に話しかける。一人の七十代の人は角館、および西木村の東隣田沢湖町院内が里なそうで、そちらでも今目の前に突き出されているこのシシガシラであったという。秋とって干して冬中の使用にあてた。

彼女は笑いながら仕種をしてくれたが、同じように一枚を二つ折にして、そして後ろから縦に動かしている。ただしこの人の場合、葉は表を外側に折っていた。もう一人のもっと若い人の方は山越えなら大して離れていない西仙北町中畑という山の村の出で、そちらではカッチャグサと呼んで、リョウメンシダの方だったそうだ。

岩手県大船渡市

平成六年三月の岩手の旅は、大船渡からはじまった。前年、宮城県は志津川町（現・南三陸町）まで来ていて、それの延長線として岩手の東部を北上しようと考えている。大船渡では、大船渡湾をなす、東南に伸びた半島状の地をまわるつもりだ。

町中から盛川にかかる大きな橋を渡る。ここからでは見えないが、右手川下が大船渡港らしい。直線道路の真正面に巨大なタンクやら塔やら、ねじ曲がった、やはり馬鹿でかい管やらそびえ並ぶ工場があり、その無味乾燥な工場まわりの道を抜けると、最初の集落赤崎が現れる。街道の両側に窮屈そうに家が建ち並び、左手後ろは直ぐ山の傾斜にかかる小さい集落だ。

家前で子守をしていた山口ハルさんは、こちらの問に気軽に答えて尻拭きにしたのは竹だったという。それから、「その名前が何だったたべね」としばらく考えた末、「ほんだ、かぎんだった、かぎんていったがすと」という。よく覚えていた自分を嬉しがるような表情である。自分は昭和九年生れであるけれど、子どもの頃にかぎんは使った。人によって違うだろうが、自分は後ろから拭いたと（かぎんはチュウギのことである）。

カギンの使用は昔の話だが、下肥の仕末ならつい最近まで続いたのである。ハルさんがあきれたようにして聞かせるのに、この辺では風呂と小便所と大便所とが並んでおり、それらが全部便槽に溜まるようになっていた。それだからしょっちゅう汲み出しも行わねばならない。「そろそろ糞かえるようだな」といい交わす。樽の形した肥桶のてっぺんに小さい口があり、これにじょうごを使って入れ、後にわらをつっこんで栓にする。畑は全部山畑である。背にしょって歩くとたぷたぷし、頭にわら栓から洩れたしぶきかかることもあったという。

もっと話をしてもらいたかったが、子守が忙しい。向かいの家の子も加わって二、三人、大型トラックの頻繁に行きかう道に飛び出す。その度にハルさんと向かいのおばさんとは追っかけっこを演じる。傍で見ているだけでもその危うさにどきどきする。

他の人にも逢いたいなと思う間もなく、集落の終りに来てしまった。あとは左手に迫る山と右手には海だけ。岩が殊にも海につき出したカーブを一つ、二つ廻ると、赤崎の裏側に当るような入り込んだところに学校の校舎も見え、通りの土手上には、山に沿った小さな畑がある。その畑に小さな御老人が鍬を振っている。なんでこの機を逃そうかと、畑の土手をよじ登り、仕事中の彼に休みを強要し、土手端の草の上に坐って話を聞いた。

吉田長六さんというこの人は観察の細かい人で、子どもの頃見た海に小屋がけしたカワヤの話などしてくれたのである。これは前著『落し紙以前』に書いたことだった。

このあたりの便槽の様子も尋ねてみた。名前をキッツと呼ぶ。吉田さんはこれを告げた後、少し不安な面持ちで、

「米ばしまっておぐどごもキッツてゆたんだけんとな」

と首を傾《かし》げる。

米をしまうというのは、板壁などに仕込んだ角形の箱状のもので、山形の私の村などでもキッツと呼んでいた。要するにこうした板でかこったような型の入れ物は、用途はどうであれ、同じ名前になるのだろう。(この項も前著『落し紙以前』)

傍にあるのは中学校だという。ちょうど下校どきとはなったのだろう。三人、五人、固まった人数で帰って行く。これが男も女も「今日は」、また「さようなら」と挨拶してくれるのが気持よい。前は静かな湾、後ろの山にへばりつくようにしてある幅狭の畑はすでに陽がかげり出している。寒さを覚えて上着をつけたいと思うが、それが切り上げのきっかけになりそうで、そのまま先にのばす。

前の海でよく採れるシュウリと呼ぶ貝は何のことだろう。こうした食べ物があったら饑饉の折にも大事にはいたらなかったんでしょうねというこちらに、長六さんは、「けかつの時はシュウリの貝柱拾って食った人は生きたて聞ぎやしたったおら」という。精を出して貝を集めた人たちは身も食ったが、それを得るに費やしたエネルギーの方が上まわった。これに比して、小さい貝柱でも拾い食っただけの者の方が生きのびられたのだと。

赤貝も昔はいた。だが、ここの人たちは汽車が来るまで食べなかった。赤い汁を「血が出る」といっていやがったらしい。他所では食べると教えられてそれから食いもし、売るようになった。「なーに、食べてみたらまるっきりんまいんだもの」と長六さんはいう。こんなわけだから当時は赤貝はいくらでもいた。比較的浅いところにいるので捕るのも楽だ。長六さんは朝の九時から十二時まで三時間で八百何ぼとったことがあるそうだ。それが、昭和八年の津波以来、一つもいなくなった。

ようやく長六さんを解放する。寒いのは鍬をふるうために薄着になっていた彼の方こそなのだった。いとまを告げたら、真直ぐ畑隅に行って置いてあった厚い上衣をひっかけたが、全身で震えている。気の毒なことをしてしまった。

赤崎には宿屋がなく、大船渡まで戻り、翌日は雨だったのでバスに乗ってふたたび学校のところまで来る。もう一度長六さんを訪ねる魂胆だ。だが、当然畑のある集落の一軒と思ったのに彼の家はここ、山口ではなくて通って来た赤崎であるという。戻るに大した距離ではないものの、大降りに気持そがれ、また尋ねに寄った家でお母さんと息子さんの二人が大きなこたつにあたっているのも少し雨にあたった体には魅力で上げてもらう。息子さんの方は何か書類への書きこみをやっている。

先頃の大風に外国籍の貨物船が一隻、碇が切れて、湾内を一晩ただよった。この辺一帯は帆立貝の養殖が盛んなのだが、網を惨憺たるさまにし、億の損害を与えた。志田さんというこちらの家でも例にもれず帆立をやっており、その被害報告書を作成中なのだという。

お母さんのあや子さんは大正七年生れ、大船渡市盛町のいりから嫁入っておられる。いりのことばは、長六さんの話にも登場したが、手前に対して奥まった方をさす、奥に分けて入る、その入《い》りの意だろうか。あや子さんの実家の屋号はそれで「いり」なのだそうだが、いまはその土地もいりではなくて、町の中心部になっている。

あや子さんは二十八で嫁に来た。父親は戦地にあり、母親は病弱で大将になって百姓をしたので婚期が遅れた。

以前女は、前は拭かなかったものである。小用だけの折は紙は使わなかった。それが、今のように小さな子にまで拭いてやるようになったのは、いずれ、ちり紙、はな紙、またトイレットペーパーという柔らかく、吸湿力に富んだ紙が使えるようになってからである。私は昭和十一年に生れているが、使いはじめたのがいつ頃だったか記憶にないものの、少なくとも小学生の間は使わなかった。親やまわりの大人たちがそうだったから、前の方に仕末が要るなどと考えてもみなかったのだ。

あや子さんにそれをいうと、「ほんだがすと」と同意したあとで、

「おら今も拭かねげんと」

といった。

傍から息子の良一さんもつけ加える。

「加工場（わかめ加工場）で話聞いでっと、六十位が境で、その上の人は拭かねようだな」

あや子さんは、今は幼稚園の子でも拭くのださけなと驚嘆の態を示していたが、こんなことがあったけ、と話した。

「末子の娘、これは今高校生だげんと、四つか五つの年、こさ泊まりに来てた時、おれさついで歩き、便所も一緒に来て用足すのばじっと見てだんだけ。ほして終った後『どうして拭かないの』ていう、『いたましい（惜しい）から？』て、『いたましいわげではないげんと、ふかねくて

もいいんだ』ていって聞かしぇだげんと、孫は心配げな顔して『今度からふいてね』ていいあんした」

女が着物を着ていた時代、下ばきは何もつけなかった。せいぜいお腰ぐらいだが、風通しもよく、他に汚れを移す前に乾いたであろう。直接股下を覆う下着が出来て以来、その仕末は必要になったのではないかなど思う。私なども前ほどいう仕末をしなかった六年生までは、同級生誰も皆着物だったのだ。

しかし、そう割り切れるものではなかったらしい。あや子さんは兄嫁が何でも縫う人だったので、若い時からパンツをはいていた。最初ははき慣れないのでえんずい（きゅうくつ?）がったそうである。稼《かしぇ》ぐ時は、腰丈の短い着物と腰巻をしめるが、パンツの上に腰巻を重ねると動きが悪いのでパンツだけにしていた。もんぺは脇が大きく切れている。そこから下が見えるため、普段は黒色、出かける時は色の薄い物をはいた。

あや子さんは小用を足すのはしゃがんでばかりだったという。他の人、特に年寄は立ったまま、腰折り曲げての用便だった。私はこれについても、立小便からしゃがみ型になった原因はパンツの着用にあるのではないかと常々思っているのだが、これだって、公式みたいにすまされる訳ではないようである。あや子さんは、以前はしゃがんでだったが、近年では足悪く、しゃがまんにぇ

（しゃがまれない）ので、パンツを下まで下ろして立って（中腰）やっている。

昼になり一緒に弁当をつかわせてもらう。私のは例によって宿屋の朝飯を一つむすびにしたものだ。すすめてもらった食卓には若さぎに似た焼魚がある。ここで捕れた魚で、じっさい若さぎだそうだ。湖にばかり捕れるのかと思うと海にも住むのだ。名前を当地ではチカと呼ぶ。

雨はいぜんとして止まない。またまた私は大船渡の宿に戻ることにする。途中長六さんの家を尋ねて寄ると、彼は上り縁で網の手入れをしていた。昨日はしかと約束したわけではなかったのだが、待っていてくれたらしい。「まさか畑の方に寄るのじゃあんめえなと思って傘さして自転車さ乗って行きかけだんだけど、水たまりさひっころんで帰ってすまた」

重ねてたいへん申し訳ないことをした。

長崎

バスは赤崎までしかない。翌日、赤崎から十キロほど先の長崎まで車に乗せてもらう。長崎も前は海、平地はほとんどなく、海沿いに走る道路から直ぐに山にかかる、その傾斜地に数戸ばかりの家がある。浜ではわかめの時期であるらしく、四角のタンクが湯気上げる傍で、一人、二人、長

カギンコ

遠野市大出　山下正

い櫂《かい》のような棒をくって海布を茹でている格好だ。

道端の家で年寄をと尋ねて行った葉沢さん夫妻も、こたつにあたっていた。

クァギンにする竹は、籠・笊《ざる》などの廃品があれば好都合だった。新しく作る場合の竹は唐竹である。ただ竹はこの辺少なくて唐竹の林持ってるのも二軒しかない。竹ではもう一つ孟宗《もうそう》もあり、漁の浮に使うのだが、これも他所から買って来るのだ。孟宗は肉が厚くて、クァギンには使えない。

ここのクァギンは、竹でない場合は、ヤマウルシの細木で作るのである。

クァギン箱は新しいものを入れてあるのは小さく、深さ十五センチほど、右手に置き、もう一つ大きい箱は前方に置いて、使い古したものを投げて入れる。たまったらこれは焼く。

「クァギン作るのは年寄の役だった。んだげんとおら家《え》ではお父《ど》っつあま早く死んでるはげ、おらかがつか（母親）こしゃった。数がいることだはげ、なかなか厄介、こしゃえたでなんねんだもの。おら家《え》ではその頃小人数で四、五人家族、隣の家でなど十二人だった、多い家では大変なこった」

その頃は便所に行く回数だって多かったのだと、寿三郎さんは思い巡らす。

「この辺は米とれないどこでがすと。麦が主で、あとは稗・粟・黍《きび》など。三穀《ごく》めしてゆでな、麦・稗さ米ば茶碗で一つぐらい入れたのが毎日の飯だった。戦争中や戦後、配給で米が食えるようになった時だて、大根かて、蕗《ふき》飯、うるい、あなめ（海藻）などのかていっぱい入れて食べた。うるいは食べるには良《え》がったもんだ。あなめは屋根さ広げて晒し、雨にもあてて、白くなったのを、こんどは粉にして飯炊けた頃に上さのせて、あとかきまぜて食べる。食べたものの半分が糞になるようなものだっただて、日に三回ぐらいも糞たれた」

一日一本ではないのである。一人三本として五人家族なら十五本、十人なら三十本、これでは作り手が音を上げてしまうのも当然だ。それに何らかの生産にかかわるものというのではなくて、ただ一回ごとに打ちすてるものだから、なお作り手はやりきれまい。稼ぎのある者の手がかけられることは少なく、年寄の役にまわったこともまたきわめて道理なのである。寿三郎さんたちも蕗葉は使ったという。これはそういう点ではいちばん手のかからない種類であった。

合足

長崎から三キロほど歩いて合足《あったり》（岩手県大船渡市赤崎町）に着く。山の道を通って来たのだが、集落に入りかけた由は、山裾を最大限に利用しての水田が現れたことで知れた。その紐のようにせまい田んぼのまわりは、ことごとくに高さ二・五メートルほどの金網である。何ぞの獣よけであるのに違いない。私の住む秩父のあたりでも猿の害甚だしく、彼等の攻勢の前に人は気力萎えさせるばかりだ。集落に入って問うたらカモシカであった。道理で金網の丈も高いわけである。植えたばかりの苗を食うという。

集落の家を何軒か訪ねるが、留守ばかりが多い。女はみんなわかめの加工場に行っているという。その一軒に行く。加工場といっても、わかめを作っている家ではどこでも持っている作業場だ。私が訪ねた上野さんのそれは家の直ぐ前にあって大きなプレハブの建物だ。中には薪ストーブが燃えており、中央に卓球台ぐらい大きな机、そのまわりに女性が三人いる。

この人たちの仕事の内容を見て、たちまち驚く。わかめの選別を行っているのであるが、それが微に入り細に入り、まことに細かいのである。

それぞれ足許に置いたビニールの籠中から一本のわかめを取って俎板の上に長々と引き伸ばす。握っている切出しナイフでまず太い茎を裂きとる。それから根元の部分の葉を切り落す。これは「元葉」と呼んでかたく、色も悪いそうだ。ここまではまあ相応の理由もあることだからいい。だがこの後が手間暇費やす主たるもので、虫喰い跡を外すのである。穴が開いているわけではない。虫がなめたか、かじったというような傷がある。目立つものではないので、わかめを板の上に広げながら、まるで写真のネガをすかし見るみたいに目を凝らしてとらえ、あれば切出しでうなぎを裂くか、型紙をきるしぐさで切りのぞく。しかもその虫跡、たまにではなくて頻繁にあるのである。足許にはこの除けた葉も籠にたまり、全体の三分の一量になるという。中芯・元葉は売れるものの、この虫喰い葉はただすてる。中芯にしたって幅に規格があり、二センチ以下は商品にされない。

こうしなければ高く売れないのだというが、何と無駄なことではないか、虫喰い跡など、汁の実にでもすれば絶対わからないのだし、切り刻むものだから傷がついていようと一向にかまわない。私などは採ったそれなりの格好でも充分いいように思うし、茎がついていたって料理に幅が持たせられてなお嬉しいというものだ。その分安くなればなお結構だが、それはともかくも、この人たちの、この、根気を蝕むような作業である。これが舟一回の操業の分に一週間続く。舟の出る回数は普通二十二、三回ある。去年はわかめの成長も悪く、十八回で終った。

生の葉は二時間ほどかかって茹でた後、塩をからんでタンク内に一昼夜詰め置く。それを洗ったのが今、目の前にあるもので、選別が終ったらキリンで圧搾して水分を除き、その後でさらに選別して（これには二日ほどかかる）十五キロ入りのナイロン袋に入れ、箱に詰めて出来上る。虫跡など完全に除いた一等級だと十キロあたり九千円の値だそうだ。

さて、このように根をつめての作業だから、こちらの欲する話題の方にはあまり身を入れてもらえないのだが、この家の主婦の上野幸子さん（大正十五年生れ）と、昭和十年生れの上野さんとはともにこの先の綾里から嫁に来ていて、そちらではイタドリと竹だったという。赤崎や長崎では育たないイタドリも、深く入りこんだ湾の奥にある綾里辺では使用に適う姿になるらしい。

幸子さんはその他セッカも使ったという。材木を板に挽く時に出来る木端がセッカである。セッカのいいところを二センチ角ぐらいに割ってあった。イタドリはペロペロしてよく掻かれない。木の方がよかったという。これに対して、仕事に全力を持って行かれ、ほとんど私たちにかまうことをしない明治四十一年生れの上野さん（この集落はほとんど上野姓だという）は、「イタドリはさわりよくて良《え》がったのに」とつぶやいている。

女の前をふく件は、ここでも二十年前ぐらいからのことだという。でも「年寄などはここ五、六年来だな」という。ここで二人は何やらいい合って笑ってる。里の綾里であったことである。自分たちの子どもの頃、薬屋に嫁に来た人が、前を拭くというので、「薬屋の奥さんまんじゅう拭くんだと」と村中評判になったのだと。

この辺でも女性のものをいう「まんじゅう」の名は行われているのだ。私は前に九州でこれを耳にし、そちらだけの名称かと思っていた。その折は子どもの遊びの中で出て来たのだ。

ここで幸子さんからは、娘時代に目にした縄の尻拭きの話を聞いたのであった。これは前著『落し紙以前』にのせているので委しくは紹介しないが、兄嫁と塩売りに行って泊まった戸矢崎村の家で、その張ってる縄を見たというのであった。

帰ろうとするのに、幸子さんは土産に持って帰りなさいと、これは選んだいい方のわかめをすくいかける。それこそ捨てる虫喰い葉でも背中いっぱいもらって帰りたいところだけれど、まだ旅を続けるからと辞退する。ただ外にまとめある根株がそのままでも食えるというので、一つもらって別れる。

歩きながらこの肉厚のフリルの部分をかじる。なかなかうまい。丈が十センチほどに、太い枝の両側に肉厚の短い葉がひだを作っている、今は都会のスーパーマーケットなどでも売られているあれだ。一度前にも失敬してかじったことがあったが、あれは少し古くなっていたものと見える。こちらは甘みがあり、新鮮でくせがなく、少しのぬめりと適度の潮味とがあっておやつに申し分ない。フリルをすっかりかじり終って、もう一つもらってくるんだったとくやむことしきり、茎もかじりにかかったが、こちらはかみ切ることは出来ず、味の性格がまるで違ってうま味がなく、代わりに青くさいいがらっぽさがあるだけだった。

綾里

綾里には日暮れに着いた。ここは港のあるところで、この辺では古くから賑わった町らしい。宿屋も二軒あるというのであてにしたのだったが、一軒は休業、一軒は満員だという。町入口のガソリンスタンドにたまたま客に来ていた宿の主婦に、スタンドの奥さんもとりなしてくれたが、ほんとうにいっぱいなのだという。

ガソリンスタンドでストーブにあたらせてくれる。由美子さんという奥さんは昭和十八年生れだが、カギンは小学生ぐらいまで使ったそうだ。他の家では木や竹も使っていたが、彼女の家ではイタドリだった。秋、しんぱ（杉葉）掻きに行った時などにとって背負ってくる。長いまま横に背負った。使う時は彼女の場合、後ろから、左から右に向かってすくうそうだ。

イタドリの葉は漬物漬ける時の蓋にも重宝される、とも彼女は語る。ことに蕗《ふき》の塩漬に使った。蕗

イタドリ

タケニグサ

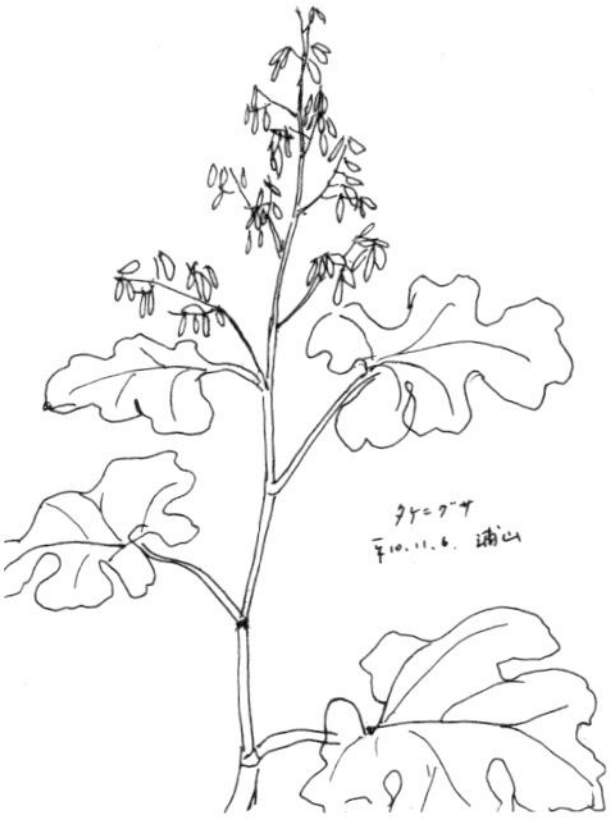

を茹でて桶に詰め、塩を振り、イタドリの葉を敷くこと、何段にも繰り返す。蕗はイタドリを使うと色がいいという。ワラビを漬ける時はいちばん上の蓋にだけした。他の漬物には使わないようだ。それから、この葉は養殖ウニやアワビの餌に海に入れることもなされるそうである。

由美子さんが心配してくれて、大船渡に戻る車をつかまえてくれ、私は三たび同じ宿屋に舞い戻った。

翌日は内陸部に向かって行く。赤崎の長六さんがいっていた日頃市町《ひころいちちょう》（岩手県大船渡市）の方面だ。本通りから少し奥まったところの小通《こかよ》のあたりでも、やはり長六さんも使ったというタケニグサであった。だが、赤崎の呼び名オオバコとは違ってタチバコという。

小通《こかよ》では、鈴木さとさんのお宅で茶を御馳走になった。今朝方、町を抜けて来る時、大きな市があり、鈴木さんとはそこで逢った。海産物の他、菓子や細工物や、洋服まである中に、さとさんは二、三人の仲間と野菜を並べていたが、私が小通のあたりを通るといったのに、家に寄って「お茶っコを飲んでいがえ」といってくれていた。

昼過ぎに訪ねたら、もう市から帰っていて、そこで買って来たというりんごを大皿に山にむいて、旦那さんと嫁さんと三人で一休みの態であった。私のために嫁さんに「蕗っこ出してけらい」といっている。この蕗も塩出しして煮るばかりにしたのをわらで小束にくったのが、市で坐った膝の前に並べてあったのだ。

家に出来た野菜、たとえ一把二把の少ないものでも寄せ集めて持って行く。金にするというほどでもなく、帰りにはこんなりんごやおかず買ったりして終わりになるのだけれど、好きだからやっている。この小通でも前は何軒でも出ていたんだが、今はもう一人と私だけになった。送り迎えは嫁さんが車でしてくれると、さとさんは弾む若々しい声で語ってくれた。

宮城県鳴子市

時間も問わず湯につかれるのが温泉宿のいいところで、さっそく湯殿に行く。相客は中年の女性一人、建具屋の御主人が高いところから落ちて足を怪我し、ここの湯が傷にいいので、四、五日湯治に来ている。勤めている自分もこんな折でないと休みがとれないので一緒について来たという。この松本和子さんという彼女は、よほど退屈していたものと思う、堰を切ったように子どもの頃の暮しなどを語り聞かせた。

家は北上川に沿う河北町（現・石巻市）横川、田畑も持たない貧しい暮しだったので、学校から帰ってくるとカバンを放り置いたなりにして行李編みの内職をした。親たちもやるが、大抵の子どももやっていた。子どもは真中の平らな範囲を編む、底から上に立ち上るところが難しいのであるが、自分は年季も入ったことで、大人に混じってここもやらせてもらうことが出来た、こちらの方の手間が割高である。

子どもの時から飯焚きも受持ち、わら三、四把で炊く。これにはコツがあり、わらを小出しに燃したのでは三、四把でなど焚き上らない。はじめは思い切り量を多くしてやる。途中からはわら灰の火で蒸すところまで持っていけるものである。家には近年九十三歳で亡くなったおっぴちゃん（曾祖母）がいたので、古い暮しは他の家よりも多く残っていたかも知れない。布団などもわら布団だった。これは冬あったかくていい、夏になると、中のわらを出して、綿と交換する。

家の裏口を出たら、直ぐ傍が北上川である。ここで洗濯もすれば、また風呂代りにもなる。海の水がぬったり（上ったり）、引いたりするので、洗い物する折など、川の水しょっぱいかなめて来いなどいわれる。川はまた絶好の遊び場、これも海の水がぬって来る時は泳がない、遊んでる間にはシジミ捕りもし、足の指でつまみ上げたりしたものは、手拭に巻き込んで胴にしばってまた泳ぐ。兄弟は七人だが、こんなにして遊ぶのは六人、これだけの手拭の中身がまとまれば結構な量になる。

そういうところで、また昔堅気のおばあさんの傍にいて、便所の紙代りにしたものは何かと問うと、和子さんはげろっぱ（オオバコ）などは使った覚えがあるけれどといった後、急におかしそうにしながら話した。

「父親が、『おれの子どもん時などな、柿の木さ縄吊るしておいて尻ぬぐうもんだった』て聞かせた」

縄をまたぐという件はどこでもよく聞くことであり、ただし実態を伴わない、ほとんど笑い話として口にのぼるだけだ。この場合も果してどうだろうかと思うけれど、話し手のお父さんは健在でおられるというし、そちらの方にも足伸ばしてみようという気になる。すっかりのぼせ上った形で私どもは湯から上った。

宿舎では、朝夕の食事を一つ食堂でとる。翌日の朝食の折、和子さんは、前のお父さんの話の確証をつかんだというようにして情報を伝えた。夕べ旦那さんにこれらを話したら、彼のいうよう、同じ建具屋で働いている桃生町生れの職人、あちらでも便所の傍の木に縄張っておき、それをまたいで用足すといった、それを語って皆を笑わせたものだったと。

桃生町（現・石巻市）は、河北町の隣であり、その同僚の家は、河北町に接する飯野という集落だという。横川ばかりでなく、この一帯にもそれがあったのだろうか。

鬼首ロッジに連泊しての翌朝、いい話し手に出合い、暮し全般のこともじっくり聞きたいものだと歩くが、小さい集落には、年寄の域に入る人たちさえも少ない。通りからはそれるものの、大森平まで行けば夫婦でいるというが、その人たちでさえまだ大正五年生れなのだ。高台に開けた水田の間の道を小一時間は充分歩いて大森平に大場さんを尋ねる。ここは戦後の開拓で開けたところ、御主人はこの下の集落岡台、奥さんの栄子さんはさらに奥の寒湯の出であるという。もっぱら栄子さんが話してくれる。

「『雪降らねうずカグマ（リョウメンシダ）切って来らんなね』といってカグマ取り行くんだっけ。刈ったら二掴みを一把としてカグマで束ねる。稲などまるぐのと同じしばり方。軽いから一しょいでっつりしょうど随分ある。大体一しょいで四十把か五十把、家族の多い家では二しょいも三しょいもとって来る。カグマは秋になるとやっこくなる。ほやほや、ほやらかほやらか、干したりしないでそのまま便所の上にのせておく。しょうのにやせんまは使わなかった。ただわっこしてしょう」

そのわっこは、二束なり、三束なり積み上げて背に負う形にした後、さらにもう一荷をてっぺんに乗せ、いちばん上の束の下からまわした縄で連結させるものである。これだと肩の上にくくりつける形で荷が尻の下にいかずにやせんまを使ったと同じ効果になるらしい。ことばだけでは呑み込み悪く、手近の座布団やら手拭を使って実演をやってもらったのであったが、もちろんこの負い方は何にでもなされるもので、炭などもこうして運んだ。

冬の賃取仕事は、山で焼いた炭を運び下ろすこと。一俵五貫（一貫は三・七五キログラム）の炭俵を二俵ずつ、寒湯から岡台まで、積った雪の上についた人の足跡を伝って歩くあごつり道を歩いた毎日は、今思い出してもぞっとするような仕事だった、など話した。

何軒とも固まりのない尾ノ沢、寒湯、保呂内の集落を経て、最奥の岩入に着いた時は午後もだいぶ遅くなっており、それまでどうにか持ちこたえていた曇天はとうとう細かい雨を降らし出した。道端の畑で十センチほどに伸びたトウモロコシの土寄せをしている婦人がいたので、寄ってこの先の道の様子を問う。花山村（現・栗原市）へ抜ける道は二つ、北の山道を通って、花山村の北端へ出るのと、このまま山裾の道をかなり南まで下って国見峠を経て行くのとがある。しかしどちらにしてもこれから越えるのなど無理という。

私の方は車さえ通る道ならばと、その便乗を狙っていたのであるが、かんじんの車の通行はほとんどない。ここまで歩く間、山から下る車は多いのに、反対に上る車の絶えてなかったことからもそれは納得出来るのだ。帰りの車が多いのは、筍《たけのこ》採りに秋田側の山まで入った人たちだそうで、今がその最盛期なのだという。

今夜一晩宿を恵んでもらえないかと頼む。彼女ははじめは泊めてやってもいいといったのだけれど、そのうちためらいも出、下に下りるのがいちばんとか、帰りならまだ

カクマ

車が拾えるとか諾と拒の間を行ったり来たりする。最後に諾のところで落ち着くことを願いながら三十分も待って、やっと傍の家に誘ってくれた。正確にいえばここは峠という小字、家が二軒並んでおり、手前のが新築間もない白い家、その奥隣にあるのが後藤さんというその家だった。ちょうどお茶が入った時、隣の新しい家の奥さんが見えた。例の、皆が採り騒いでいる筍を持って来てくれたのである。こちらの家では今日も行って来たし、明日も朝早くから出かけるのだという。取ったものはその日に始末し、茹でて瓶詰めにする。

茶うけに出されたのはミズ（ウワバミソウ）の煮物、さわやかな緑色をなお保った浅い煮方なのに、よく味がしみておいしい。「もぎり（ちぎり）みず」と称して包丁は使わずに手でもぎって煮る。この方が切ったものより煮えやすいそうだ。

昭和初年生れの後藤千代子さんと同じ年頃の隣家の夫人は、

「秋仕事終わると、カクマ刈りに行くべとて行くものだった。カクマは一年中使った」

というに対して、千代子さんはそんなことは知らないという。嫁に来た時はもう紙だった。だがもちろんこの家でも古くはカクマだったのだ。晩に御主人の磨さん（大正十五年生れ）が語ってくれるに、子どもの頃まではカクマを使った。当家は村の中では新しく内便所だったが、その外に面した板壁にポストのような口を切ってあり、使用後のカクマはそこの中に放り入れる。外には箱が据えてあってそれを受けるようになっている。カクマに代って紙が使われるようになってからも、その始末の方法は同じだったという。

これなら散らかりやすいカクマを家の中に入れる、往路はともかく、復路は気づかいの要らない外便所の仕組みなのである。溜は、下肥にする都合上、紙など落さないようにするのが多い。

夜、筍の皮むきを手伝った。丈は三、四十センチで、太さは大人の男の親指の太さか、その一まわり太いほど、これをきれいにむくのは大変だと思っているとやり方があり、末、ほとんど半分ぐらいを斜に落し、次いで縦にりんごの皮をむくように元から末に一列、中の筍の身すれすれにむき上げる。あとは左右にむき広げるだけだ。後藤さんの家では、息子さんが町会議員をしておられた。それと勤めの奥さんと四人暮し、穏やかな人たちで、揃って大事にもてなしていただいて恐縮した。

翌朝は雨だった。隣家では雨に逡巡していたようだが、とうとう雨合羽を身につけて車で出掛けた。後藤さんの家の屋根には、そちらこちらにショウブとヨモギがさしてある。これは昨夕、働きから帰って来た磨さんが、「今夜は屋根ふぎだったな」といって、私をして屋根の修繕仕事でもあるのかと思わしめたものだった。旧暦の節句だったのである。家の前の小屋に牛が二頭いる、その屋根にもそれらはさしかけてあった。

宮城県栗駒町

昨日、鬼首岩入を出てから国見峠にかかる前まで車に乗せてもらって花山村まで出る。この時の運転手の言動は少しく不自然だった。ひどく不安げだったのである。車に乗ってからいうには、この時間に（日暮れも近い刻限に）女が一人、この峠道を歩いているのは狐か狸でないかと思ったのだという。そんな山の中の道である。しかしここでは宿がとれずに、暮れかかった道でまた車を拾って、こんどは栗原電鉄、栗駒駅のある岩ヵ崎まで運んでもらった。

ここは、ちょっとした町である。宿屋も四、五軒ある。その一つ、少々うらぶれた古いところに宿とり、夕飯はもう出来ないと

カァギン

わらの尻拭き

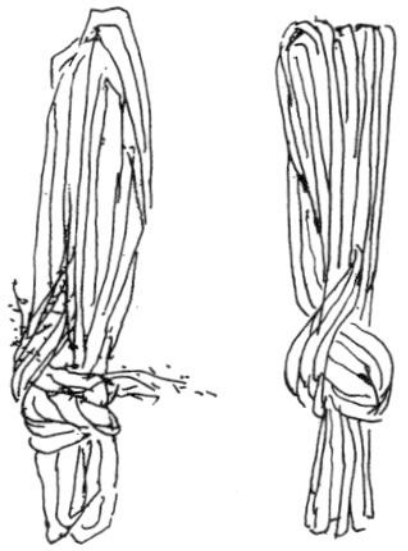

いうので大きなスーパーマーケットもあることで、好きなようにして、朝食だけをとる。この朝食が野菜もたっぷり、牛乳とヨーグルトもつきの立派なものであった。いつものように御飯の半分をおむすびにし、焼魚と昼弁当にする。

村の奥に入ろうと北西への道をとる。この道の上には栗駒山があり、頂上で西に秋田、東に岩手と境を接するのだ。麓には温泉もあり、また観光施設の開発も進んでいるのらしい。村の集落の多くも、この三迫川に沿った道路の周辺にあるのだから車の通行も結構賑やかである。まだ入口部にあたる松倉の辺は、左右に別れて点在する小集落の間に広い水田地帯が開けている。その松倉で、家の前の作業をしていた菅原三夫さん（大正七年生れ）が尻拭きについて語ってくれた。

この人の小学一年ぐらいまでは杉割ったのを使った。杉を箸ほどの長さに細く割ったもので使った後は山にでもすてる。その後わらになり、それから新聞紙になった。わらは数本とったのを、途中から横に帯にまわして末をその帯の下に潜して止める。家の年寄がこれをこしらえておくものだった。箱に入れて便所の前の方に置いてある。使った後のものは堆肥に積む。折ったところのかさは、わら十本寄せたぐらいの太さだった。

こんな簡単な作り物さえも、昔の頭数の多い家族全員のといったら、少なくない煩瑣とはなるはずである。それなのに年取って働けなくなればそれなりに、足が動かなくなれば手でと、その分に合った相応のやり方で、最後まで力を添えていた家族の構成員の姿を見るのだ。

杉の木を丸切って、それを細かく割り裂くのも手数のかかるものである。それだからわらへの移行もたやすく行われたものと察せられるが、そのわらが乏しい水田の少ないところでなどは、当然杉のヘラが後まで使われたのである。同じ松倉で小野寺ふつえさん（明治四十三年生れ）もこんなにいっていた。

「滝ノ原（ずっと上の集落）に行ったら、二十センチ丈ぐらいの木のヘラ、かりっとまるって軒に積んであった。尻拭きに使うのだそうだった。このあたりではわら使った。幾つかに折ったのをぐるぐる横に巻いて止める。おずんちゃんな作ってくれておくもんだった。箱さ入れて前に置き、使い終ったのは近くに据えてあるもっこさ投げ入れる」

モッコは山形などではたがらといった、たわめた木を骨として蜘蛛の巣状に縄をからめまわした口広ノ背負具である。骨にする木は粘るものでないといけないが、こちらではさだめし（リョウブ）を使うそうだ。

この後、私は案内してくれる人がいて、小野寺福寿さん（大正十年生れ）のお宅に連れて行ってもらったのだが、福寿さんも、同じ集落うちから嫁に来た奥さんのちとせさん（大正十二年生れ）も、ともに子どもの時分にわらを使ったことをいう。束ね方は最前にいうのとすっかり同じである。

ただ、ちとせさんがお母さんの里での見聞を語り聞かせた。

「母の実家はこの先、山越えして岩手側に入ったところの厳美町（現・一関市）瑞《みず》山というところ、ここから歩いて四時間ぐらいかかる。小学生の頃とま（泊まり）さ行ぐずと便所さ竹コ置いてある。ざらりっと置いてあった。母の家はところでは身上《しんしょう》のいい家、うまい物が食べれるのが嬉しくて行く。山いり（奥）さ行けば行くほど昔の風だった」

そらかご

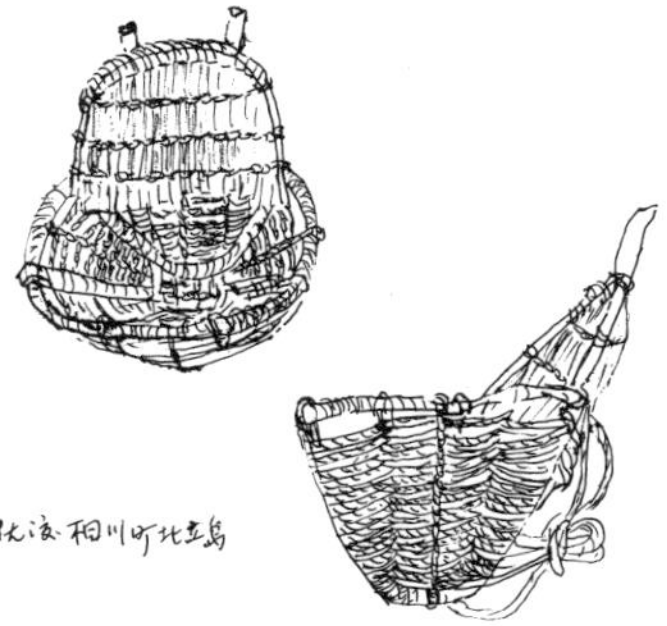

佐渡・相川町北立島

竹は、そのあたりでなら真竹でしょうかと御主人にうかがうに、ここら一帯にあるのはカラダケだ、とのことであった。

じつは私を案内してくれた人は、六十になったばかりぐらいの男性、私が何をしに歩いているかを知ると、縄の件を持ち出したのだ。一軒、縄を張っている家があった。五十年前ぐらいにそれを見ている。ときをさんというお婆さんの家だが、そこの息子が福寿さんのところに寄るところだったから紹介してやろうというのであった。

柿の葉

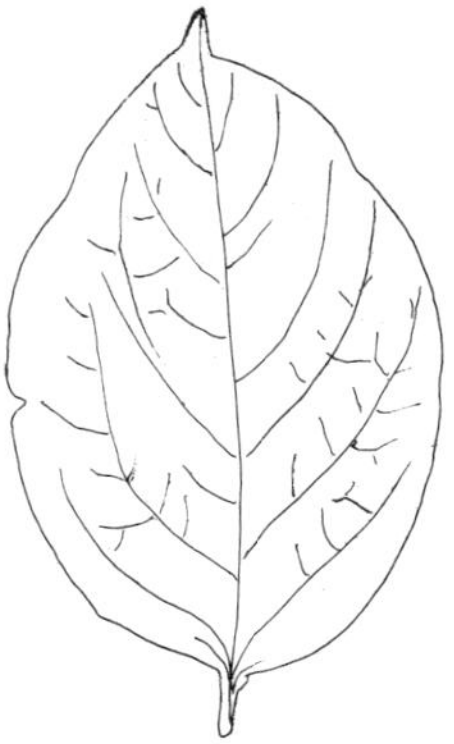

出来ることならお婆さんにじっさいにうかがう方が確かと、中年というより初老にかかるほどの彼のオートバイの後ろに乗せてもらって家まで行く。これまで進んだ道を逆戻りという形で、ただし、通った道と反対の側にある金丁という集落だ。家には、いかにも働き上げたように小柄で優しい表情のときをさん（明治三十四年生れ）と、隣家のかつみさん（明治四十一年生れ）も寄っていた。かつみさんは反対に大柄で、よく笑い、その笑いと共に、両手をパンと叩いて見せるのが癖だ。

だが、五十年前に見たという前の観察者は、やっぱり何か見まちがいだったのではないかと思う。充分打ちとけたところで話に出してみたのだったが、それはないとのことであった。これまで聞いたと同じ束ね方をしたわらを使った。

「わらと柿の葉だった。柿の葉は落ちるようなったらさらってくる。取っておくことまではしない。なくなったらまた拾う。わらも柿の葉も使った後はもっこの中放り入れる。私は谷違いの文字《もんず》から嫁に来た。あちらでは木を使ってる家もあった。縄は見たことがない」

かつみさんは二十歳で嫁になった。その頃もわらで、「しばらく風呂さ入らねと尻のあたりが痒くなってよ」と笑い、そしてまた目の前でパンと手を打ってみせた。

桃生郡河北町

小牛田に宿とっての翌朝、石巻線に乗って四十分余り、鹿又で降りる。鬼首ロッジで和子さん夫妻から聞いた縄を使用の話のある飯野へ向かおうとする。旧北上川を渡り、北上川の本流を右手に広い広い水田地帯を中に、奥に連なる家並みの方へ入っていく。

はやる気持から、自転車に乗って田んぼ道を抜けて来た男性をつかまえて、性急な質問を試みる。七十になるというこの人、荷台に物を乗せて外出の仕度であるが、嫌な顔もせず語りくれる。この辺も同じくわらだったそうである。折り曲げたのを帯にしてとめる、形もすっかり同じだ。自分は岩崎の者だが、十二、三年前まで、使ってた家も一軒あったとも聞かす。縄はこの人も知らないそうだ。

十二、三年前とはずいぶん後まで残っていたものだと驚いたが、しかしこれは勘違いであったようだ。次に出会った田んぼ傍の小畑で後片付けしていた柳本柳蔵さん（明治四十三年生れ）も「十年前位まで使ってた家一軒あった」と特例を聞かせてくれたが、その後で、「家建て直したのだから二十年になるかな」と訂正した。その家では古い家屋でいる間中、尻拭きの様式もまた旧のまだったというのである。

柳蔵さんたちも、早くに紙に代っただけで以前はわらを使った。用のすんだわらはしょい籠に入れ堆肥や畑に持って行くというのも同様だ。この辺の溜は桶で出来ていて大変な大きさだったそうである。上に長い厚板を左右に何枚かずつ渡すだけ、夜など物騒なので、天井から力綱というものを下げた。最初に綱に寄れば、おのずと足の位置も定まる。

飯野での聞き取りははかばかしくなかった。昼飯時でもあったからなのだろう。こちらも出来ればお茶でももらいながら弁当をつかいたいのだが、へんぴなところとも違って取りつきようもない。通り一番の大きな店に寄って年寄のいる家を聞けば、ここにも一人いると客の婦人をさす。婦人会の会長さんを長くつとめた人だというあたりどうも気に入らないが、話はともかく一休みさせてもらうだけでもと外で待つが出て来ない。どうしたことだろうと思っていると、店の中で話を聞くという。せっかくだからと尻拭きの件を持ち出すと、わらを使うなど、この辺にはなかったとの返事だ。飯野地区のうちでもここがちょうど岩崎で、ずいぶん後までその風残していた家もあったと聞いたのだがといってみても、自分は民生委員も永年やっていて、知らない家など一軒もないのだが、そんなところは見たこともないという。家は訪問しても、便所まで立ち入る機会はなかなかないものである。

道路から上った高みの茶畑の陽だまりで、例の朝飯の残りのむすびと、前の日のお菜を取り置いたカレイの空揚との昼を食べる。このあたり、製茶の北限なのだという。茶にする方法は蒸して炭の上での乾燥と、秩父のあたりのと変らない。道に出たところで、畑に上って行く、腰に鎌をさした男性に逢ったが、茶の刈り込みに雇われたのだそうで、堤防際の吉野集落の人、便所に縄を使ったのは知らないが、わらは小学一年ぐらいまでは使った。使い終ったのはばんじょう（竹籠？）に入れたといった。

その吉野を経て堤の上を今朝来た道の方へ戻る。はやばやと地元の人たちらしい軽トラックを拾う。堤防の道はなかなか長く、途中でこの車は、中学生ぐらいの娘と弟らしい男の子を拾い上げる。せいぜい旧北上川に合流するあたりまで行くのかと思ったのに、こんどは大きくなって海に向かう北上川に沿ってまだ走りに走る。横川に行こうとするこちらには好都合だ。川の流れは高い土手で全然見えないが、反対の右側にも道すれすれに流れが一本あり、湿地も広いらしく葦が群生している。ふところ狭く、直ぐ山になるので、ごく小さな集落が二つ、三つ。奥行き広く、水田開けた奥には、大きな福地とかいう集落があった。横川まで十二、三キロはあったであろう。

横川は、これまで見て来たうちでもいちばん、川と山との間に空《す》きのない地形で、わずかの街

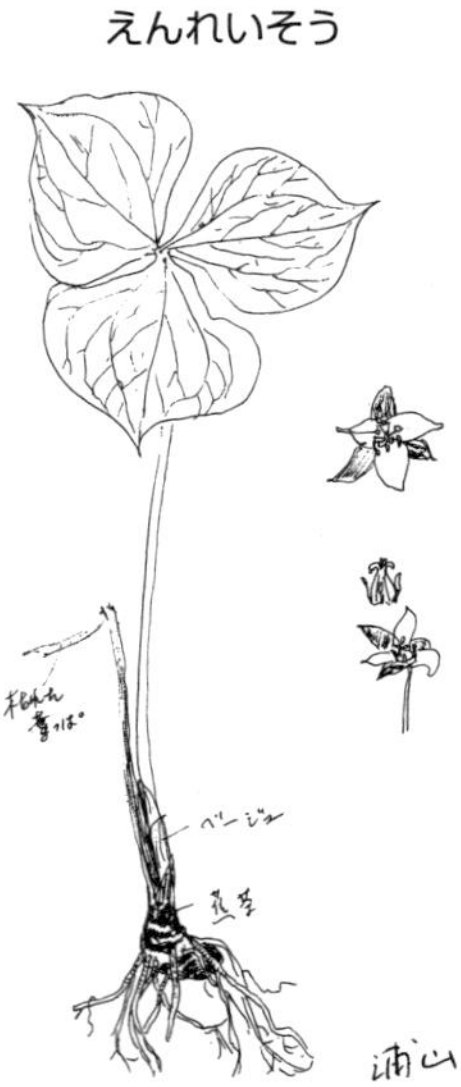

道の右と左に家々が一つ並びにあるだけの村だ。鬼首ロッジで、ここ出身の和子さんが「うちのところは襌通りで……」といっていた。襌とはよくもいい得たと一人ニヤニヤする。

お父さんの名前までは教えてもらっていなかったので、和子さんの年頃と嫁ぎ先とをいって村人に考えてもらい訪ねる。その人、近藤茂男さん（大正六年生れ）は畑に行って留守だった。場所がわかれば訪ねるというのに、息子さん車で連れて行くという。どうも大袈裟だと思ったら三キロほども先なのである。このあたりまで来ないと畑作出来る土地がないのだ。

ここには何軒もの畑が集まっているのだろう、入口に道具を入れておくらしい小さな小屋、その向かいの湿った林の下生えの中にエンレイソウの、大きな、はちきれそうに太った実が三つ、四つあるのを見つけて取る。これを鬼首でなどはブリブリと呼んで子どもがおいしがって珍重するのだが、この辺で食べることはないそうだ。

また家に連れて帰ってもらって話を聞く。近藤さんは大工であり、三十歳の頃、この先の集落長面《ながつら》で仕事をした。その時のこと、便所の外に杭を何本か打って、それに巻きつけながら長い縄が張ってあったのだという。

近藤さんも、はじめのうち何でこんなところに縄張りがしてあるのだろうと不審だった。それが使われているところをみてやっとわかったのだというのである。（この項は前著『落し紙以前』にくわしい）

縄の張ってあった便所も前は直ぐ畑で、その畑の際に縄はあったのだそうで、それでは雨の日はどうするのでしょうとも疑問を述べてみるが、これは近藤さんにも答えられない。しかし、今になって考えてみるのだが、雨は雨なりに、縄を洗い清めるという効用が認められていたのではなかろうか。雨の間は臨時に他の物を使っていればいいのである。縄が屋根の内でなく陽の下にあったということは、早い乾きが再使用も不快でないようになさしめたようにも思う。二本の杭の間ばかりでなく、その上をいく数の杭に長く張り渡してあったと聞くと、頻繁に張り替えがなされたのではなく、片っ方使っていれば一方は乾き、そのうちには雨が洗うというようにけっこう保《も》ちよく使われたのではないかと勘繰られてくる。

四十五、六年前（平成五年当時）になる、と近藤さんは改めて年数を数えている。これは土地の広い長面で見ただけだった。

横川で使ったのはわらだった。小さくまとめる方法はこれまでのと一つである。近藤さんの近所で長面から嫁に来たという八十歳の老婦人も、やっぱりわらだったといった。小学生の頃、多い兄弟がみな父親にわら一把ずつあてがわれてわっぱ作るのをいいつけられる。しばったわっぱは箱に入れ、便所に据え置く。蚕をおく家では、わらを三角形に結んだのも置いてあったという。この三角結びものというのは蚕の繭を宿らせるまぶしをほどいたもののようであった。

この婦人に「私たちなら蕗《ふき》の葉を使いましたけれど」と水を向けてみたけれど、それはなかったらしい。なにしろ、今は橋が出来たけれど、それまでは野良仕事にも山に行くにも舟で行った。蕗もそこまで行かなければなかったと。

近藤さんによれば、わらの他には「つぎも刺しも出来ないようなボロ」も使っていた。これもよくわかるような気がする。布といったら一寸角さえも大事にして継いだりはいだり大事に扱うのだけれど、そのうちには布とは名のみ、縦にも横にも、ちょっと手をかけるだけでも崩れてしまう傷み極ったものが出るのである。一般にはどうでも役にたち難くなったボロは、蚊いぶしの蚊火にでもされるのだが、鼻紙ほどにもろくなったものではその相手にもされ難いだろう。便所に使われるのは、そうした捨てられる途上にあるものなのだ。

便所の角に三角の箱を作っておき、長い手をつけておいて使用ずみのものはこれに入れ、いっぱいになったら燃やす。

その箱、今もまだ使っているというので見せてもらう。便所は家の軒をほんの二、三足離れたばかりの地に一坪ばかりに小さく建ち、はばかりには陶器の便器ではなく木のこしらえがしてある。後ろの一方の隅にある箱が三角なのは隅の有効利用であって、これ以上狭さを助長したくない趣のようだ。三角の一角についた持ち手は五十センチほどにも長いが、これも柱に沿って立つので邪魔にはならない。持ち手を掴んで中の物を始末できるから手を汚さないですむらしい。

便所の傍には和子さんが聞かせたとおり、頭上に枝かぶさる大きな柿の木、裏は直ぐに草に覆われた土手があって、土手に上れば、滔々たる北上川、舟が二、三艘浮んでいるのはシジミ捕りだ。このシジミ捕りの権利を得ている舟、向こう岸とこちら側とで六艘あり、毎日操業している。地元の人たちが勝手に貝を捕ることも出来なくなったし、また数も少なくなったという。

近藤さんの家では、嫁さんがいい出して泊めてくれた。中学生と小学生の子どもが二人いる。身内のような懐かしさを覚えるいい人たちだ。御馳走もたっぷり出してくれ、大皿山盛りの小魚の空揚げは鰺かとみたら鯖の子だそうで、漁師からもらったという。海の傍だと、こうした利得もある。朱色のゴムのようにかさばっているのはホヤを茹でたものだ。珍しい。すでに開いてあり、身だけをはがして食べる。茹で方を聞いたら、このようにして売っているのだそうだ。

近藤さんの息子さんも大工で、長面《ながつら》のもっと先、いちばん端の尾ノ崎の寺の仕事に行くというので車に乗せてもらう。長面と尾ノ崎とは長面湾を間において向かい合う形になっている。いちばん接近した部分はほんに一つ跳びというほどの距離だが、そこに橋がかかっている。両村とも、年令の高い人にはほとんど逢えなかったせいもあろうが、縄の話は聞かれなかった。使ったのはわらだけであったという。ただ、例外もあって、長面の長八っつあんというおじいさんだけは、いいいいちょうずば（便所）を出るとそのなりに家の傍の海に入って、尻拭きの用をなくした。よく裸で出て来ては海に入るものだったという。これは尾崎の人たちの聞かすことで、対岸にその姿がよく見えたらしい。

釜谷というところまで戻って北上川を渡る。対岸は北上町になるのだ。長い橋の下、流れにいたるまでの葦の茂みの続く中で、あたりの音をみんななくすような騒ぎでヨシキリがないている。昨日、旧北上川に沿って歩く間にも、この音は終始貼りついていた。間口を広げすぎたために平たくなったような声で、または音響効果のこわれた打楽器のような力ずくの声で、ゲゲッー、ゲゲッー鳴く。最後が尻上りになる。それでこの辺でのこれの呼び名はゲゲツなのだ。近藤さんに教えてもらったこれの聞きなしを思い出して一人笑う。

ばらさ　けっぽひっかけて　（けっぽ＝性器）
痛《い》でつー　痛《い》でつー

宮城県志津川町

志津川町（現・南三陸町）の「すのげ」について聞いたはじまりは、前項の桃生町に向けて乗った釜石線の車中であった。途中前谷地《まえやち》という柳津線の乗換駅から中年の女性五、六人の一行が乗った。この電車でほんとにいいんだろうなと一騒ぎをして、私の座席の隣と向かいにも二人が落ち着いたが、志津川町戸倉の人たちで、石巻の病院に知人の見舞に行くのだという。相席の二人に尻拭きの件を持ち出すと、一人は雑誌や新聞紙だったといったのに対し、残り一人は、堪りかねたようにして笑いながら、「すのげを使ったじゃないっけのよ」という。

そのスノゲは竹で、籠屋が来た後に残る表側を取った余りの竹を五寸ぐらいに折ったものである。その長さ、太さ、まったくからみ飴の竹みたいでもあると彼女はまた笑う。籠屋は春・秋二回ぐらい来た。笊《ざる》とふごとは年がら年中なくてはならない（戸倉は漁師どころなのである）。便所のことは「ため」といった。竹の他には縄をそれと同じ位の長さに切って置いてあったのも見ている。

「それじゃあ、その縄はほぐして使うのでしょうか」

といったこちらに、彼女は、

「ほどいたんじゃあ意味がない。その縒りのところで拭くんでしょうよ」

といった。

鹿又で降りる、たった二駅間のことであるから、終いは急《せ》いて来て、立ち上がりながらところを確かめる始末だった。彼女たちは集落名はいわない。ただ戸倉というところだ、神割崎のあるあの戸倉だ、とだけ教えてもらって別れた。

横川を出た足で北上川の北にあたる北上町を経、海岸線をまわって志津川町に入る。ここでは訪ねたい人宅があったので、そこに二泊後、改めて町の入口から歩きはじめた。写真家でこの地で豚飼をはじめた友人夫妻は、こちらがヒッチハイクで行くから迎えは不要といったのに、待ちきれずに対向車の中をきょろきょろうかがいながら迎えに出、また町外れの海岸線までも運び戻してくれたのだ。

南から志津川町に入って最初の集落、長清水も戸倉のうちである。少しばかりの水田があり、その縁を囲んで家が八、九軒ある。道に格好なおばあさんを見つけて、いっとき話をうかがう。こちらのスノゲは杉を割ったものだった。

「杉を割って作る。割箸を割る前の一膳くっついたほどの幅で、丈はあれよりもっと短い。便所は大きかったので、その隅にちり取りみたいに手のついた木箱を据え置き、使った後のスノゲを入れる。いっぱいになったら鉤でひっかけて担いで行って竹藪とか杉山などに捨てる。里はこっから二里ほど下の大指（北上町）、そこでも同じだった」

使用ずみのを入れる木箱は、両側につけた手の上に横木を渡すというから、ちょうどお か 持 ち のような形になるらしい。そんなにしっかりした手をつけたその上に、棒の先にひっかけて持ち運んだというのは、あまりに潔癖すぎるの感を持つのだが、水分を吸い取りやすい紙などと違って、一触、難儀に及ぶという状態を呈していたのだろうか。

須藤ふゆみさん（明治四十二年生れ）というこの人は、いい語り手と見え、まだまだ話を聞きたかったのだが、山畑にくっついて行った孫を連れ戻しに行かねばならないといって、ぎりぎり時間を引き延ばしてくれた後、長靴にはきかえて家の脇から直ぐさま山に入っていった。改めて見廻せば家横はもう傾斜伴う杉山なのである。他の家もほとんど後ろに山を控えているわけで、こうしたところではスノゲの材料を得るのも難なくできたであろう。

一方、竹の入手が容易だった地では竹になったのだ。同じ長清水の須藤ますこさん（昭和十一年生れ）は、町の北海岸、山からは遠い平磯が実家だとのことであったが、そこでスノゲは竹だった。

「竹は竹細工の残りなどの身を使ったのではない。だって青い色をしていたもの。家の裏が竹《たか》藪になっていて竹はいくらでもある。おじんちゃんが竹を削って笊《ざる》に入れておくものだった。縁もきれいに始末してあった。使った後のは手のついた箱に入れておき、後で焼く」

竹は杉にもはるかに増して割れ易いものだが、これは割り口に添った、つまり縦に手を動かそうとすると、時に鋭いささくれが刺さる。これが他に類を見ないほど長く痛むのである。たった一遍の使用で終るものに面取りを施すというのも、報われない業のように思えるけれど、ここにも孫子のことを思い、自分の身を粉にするのを嫌《いと》わない、家族の構成員たちがいたのだろう。

その使用ずみを入れる箱の説明になったら、ますこさんは、うちにはまだそれがあるのだといって便所に入れてくれた。こんな古い便所を使っているのは家《うち》ぐらいだと彼女は謙遜しているが、そんなことはない。建ってそう年数のたっていない二坪ほどのしっかりした別棟で、中は二つに仕切られている。ますこさんが嫁に来た時に建てたというからそれも道理だ。

中は充分に広く、板敷き、真中に細長く切ったはばかり部分には、ほとんど前の隠しだけというほどの細い木枠がはまっている。前方左角には三角板が打ちつけて棚になり、紙が載せてあり、後ろの右隅にはかなりの量が入る細長く、深めの箱が置いてある。箱についた手は片側一本だけだが、平磯では、この手を向かい側にもつけ、そのてっぺんに横棒を渡してあった。それを手に持って仕末しに行く。

こちらの家のは後ろ半分が余ってるような広さだがら、箱は縦に置いても横にして置いてもどうでも構わない。横川の近藤さん宅では、隅の角を最大有効に利用した三角の箱だった。中の広さはあちらの倍に余ろうか。長清水でも、便所の狭い家だと、板壁に口を切り、ポストのように箱を屋の外に出しておいて受けたとますこさんは聞かす。

次の藤浜は、ほとんど一キロとは離れていないと思われる山のカーブ道一つ、二つ越えた村だ。長清水が陸部にあったに対し、こちらは地名どおり浜に固まっており、長清水よりさらに少ない家数だ。

小さな一部屋ほどの建物のガラス戸の内に人の姿を見て飛びこむ。半分座敷にこたつ、半分土間にはわずかの日用品が並べてあり、隅のケースの中には牛乳もある。店なのである。瓶の牛乳を一本買い、ちょっとだけでもいいからお湯につけてぬるめてもらえないかと頼む。風の冷たい日で、浜で昼食をとった私は身の芯まで冷え切ってしまっていたのである。こたつに当らせてもらって待つ。一緒にこたつにいるのは小柄な御主人と、ゆったり大きく構えた奥さん、彼女はこちらの申し出に忠実に湯につけてくれていたが、これでは埒が明かないといって、直接小鍋に開けてガスで沸かしてくれた。カップ包む両手も温《ぬく》まり、やっと人心地がつく。

後藤充さん（大正元年生れ）と千代子さん（大正八年生れ）の夫妻は、他所から移り住んだので昔のことはわからないとのことだったのだが、御主人はここが生れ家なのである。東京での仕事をやめたあと、家屋敷も広い故郷の家に戻って来た。だから当然スノゲも知っているのだが、千葉県は市川の生れだという千代子さんもそれを見たといって話に加わった。

終戦もごく真近、御主人の出征中に幼い子を連れてここ夫の故郷に疎開した。その間、荷運びの手伝いやら買物に折立まで出かける。都合十二、三キロの距離である。その中間の津の宮に夫のおじさんの家があり、立ち寄り、ちょうど頃合いもよくここで便所を借りる。そこに私たちが今話していたような木片があった。最初何にするものかまるでわからなかった。木は杉で、割箸が一膳くっついたままであるぐらいの幅、丈はもっと短かった。

また千代子さんは、思い出を手繰るようにしてこうも語る。

「ちょうど同じ頃、今生きてたら百歳になるぐらいのおじいさんに小屋貸してた。遠縁の人で、滝浜の家族と気が合わなくてこちらにいた。このおじいさん、便所に行こうとする折には、軒に立てかけてある柴の末先を取り、折り曲げ、折り曲げしがてに行く。何をするのだろうと不思議でいたのだが、今こうして話せば、あれも尻拭きだったのだとやっとわかる。他には、わらもそのようにしながら行くこともあった」

藤浜で聞いたのに、スノゲの材料にもう一つあった。杖をついて道を歩いていた佐々木清子さん（明治三十八年生れ）がいった。

「スノゲには竹コだの、アバッコの古くて要らなくなったのだのを小さく割って使った。使った後のは海さ流した」

アバッコは単にアバとも呼ぶ。流し網の上につける浮で二十センチ長さぐらいで両端に穴を開けたもの、材料は桐だった。いくら山近くにあるとはいえ、材料を調達するのは一構えも二構えも要るもので、足許に転がっている廃品を利用しないてはないのである。

五、旅から〈2〉

山形県朝日町

山形に出向いたのは昨年（平成六年）十月であった。私の生家はもうないので、長姉の家に落ち着いて何泊かした後、南西隣の朝日町まで送ってもらう。朝日町には、最上川が流れ、その川の流れを楽しみながら村々間を巡りたい希望である。朝日町は、私たちの村の東村山郡に対して、西村山郡と郡も異なり、以前はあまり交流がなかったのだが、近年大蕨からほとんど直線の道路が作られ、そうなると所要時間もぐんと短くなり、今では車での買物は山辺の街よりもこちらに出るのだという。

降ろしてもらった宮宿のバス停留所は、まさしく最上川の肩上、橋の根元にある。待合室には二人の婦人がいた。そのうちの一人、佐藤てるをさんは川向こうの集落、川通《かわどおり》の生れだそうで、こちらでも便所に使ったのはガンザ（タニウツギ）の葉だけだったという。秋、枝ごと刈って来たのは束ねたまま便所に置き、一週間ぐらいしてなくなったら、また束を入れる。

姉の住む小針生《こばりょう》（山辺町《やまのべ》）でも、姉はこっちに来てからはじめて知ったのだけれど、ガザをもっぱらにし、霜が降りてから拾い集めて来るが、枝がらみ（ごと）取って束ね、便所のもがき（雪囲いをするために外側に渡してある横棒）などにそのままさして使う家もあったとのことだった。葉をとってから中に入る。

てるをさんは、ガンザの木の他の利用法なども語る。活花に竹筒の中、活けた花の足許を固定するに、是非にもこの木の枝分かれした部分が要るもので、稽古に行くときには必ず持参した。ガンザは鋭角に枝分かれしているのだという。

彼女は、馬力のある開けっ広げな人で、婦人会でも最近、昔の食物を研究したり、昔の生活を話題にすることが多いのだといって、いろんな古いことをよどみなく話す。どうせのことに、蟬を食べる件も聞いてみた。前に私の村で、私より一つ下の男の人から、子どもの頃蟬を食べたという話を聞いて以来、一人、彼だけの発明ではあるまいと思っていた。やはりこちらでも食べられていた。

「油蟬だけ食べる。桜の木さよくねまて（止まって）るもな、小麦かんで作ったもっつなどで捕り、足と羽もいで串ささし、あぶって食べる。ガム（ゲンゴロウ）の方んまかった。ミンミン蟬食うど耳聞えなぐなるなてゆわっじゃ。せみかが（蟬幼虫）も晩方出て来たどご捕った。これは食《く》わね」

私たちはバスの車内で話していたのである。二人は寒河江の終点で、「話してたら早く着いだ、面白《おもしえ》がったな」といって降りて行った。

その日いっぱいはもつと思ったのに、途中から雨で寒河江についたら土砂降りだった。最上川を抱く朝日町をもっとゆっくり歩くつもりだったのに、ふたたび戻るのも億劫になって田麦俣に行くことにする。これなら、目の前からバスが出るし、長距離ではあるものの、その間は雨に濡れることがないわけだ。

田麦俣はこんどは東田川郡になり、村の名前は朝日村（現・鶴岡市）。湯殿山、月山麓、八十里越街道に一つ離れている山の村で鶴岡市と近くなる。鶴岡行きの急行バスに乗る。立派なバス、客は座席の八割ぐらいの入り、ほとんど止まらないのでひどく速い。湯殿山ではホテルの前で三、四人の客を降ろした。だが田麦俣では停車しないとのこと。止まるのは四キロほど前に行ったところで、それもやむを得ないと思っていたのだが、間際になったら運転手が、特別止めるから直ぐに降りてくださいといってこぼれ出させてくれた。

田麦俣はガンザ（タニウツギ）一辺倒であった。このことは前の本、『落し紙以前』に書いた。秋もおしつまった頃に、木ごと刈るなり、扱《こ》くなりして俵に貯え、冬中の料にする。

翌々日私は、当初予定した朝日町を通り過ごして来たことにやはり心が残り、また戻って左沢の駅前、玉川屋旅館に宿る。

宿の御飯は、これまでいただいたうちでいちばんうまかった。新米である。そういえば昨日田麦俣からの帰り、途中から乗せてもらった車の人は隣、西川町の米屋で、何軒かに寄るがそれでいいならということで乗せてくれたのだったが、その用は米の買付けで、一軒の家からは六十俵軽トラックに積んだ。今年は豊作で、どこでも米を売りたがっているという。六十俵も担ぐのにどれほどの重労働かと思ったら、そこの農家の小屋にはベルトコンベヤーが備えつけてあるのだった。

昨夕、この宿屋へ入った時、玄関先にその時と同じような紙袋が、今着いたという形に積んであった。宿でも今年はじめての新米だとのことであった。朝飯は共同の間でする。女客はこちら一人、あとは工事の関係らしい男たちでいっぱいだ。例によっておひつから一杯分もらってビニール袋でむすびにしようとしていたら、気持のいい奥さんが急いで海苔と梅干を出してくれた。

宿の前からバスに乗って小見、富沢、中沢などを通って大谷でおりる。大谷の集落ではちょうど廃品回収の朝にあたっていたらしく、子どもも大人も猫車を押したりリヤカーひいたり、総出で、しかも手際よく作業をすすめているようだ。一軒の家の前で本などに紐をかけている婦人に、年寄のいる家はと尋ねると、うちにもいますけどといってくれる、川村国吉さんは明治三十八年生れで、村では長老格だという。記憶はずいぶん薄れたようなのだが、泰然として戸主の風格なお備えている。川村さんはガザは便所には使ったことがないが、この木を鎌の柄にしたものだと教えた。中に柔らかい芯があるので据えつけるのが楽、「すつけるのがじょうさなくていい」といった。ガザはしけたとこなどよくほきると。

最前の中年の奥さんが座敷に入って来て、両手をついてのていねいなお辞儀をしてくれる。私の村にいた頃までは大人も子どもも例外なしにこの挨拶であったけれど、近頃はあまり出合うことがない。それからお茶を出し、鉢にたっぷり盛った茶菓子を据えて、ふたたび、どうぞごゆっくりと前の辞儀をかえして出掛けた。向きを揃えて重ね盛った鉢中のものの姿が変っている。よく見れば茄子なのだ、大・小粒は揃わないものの、末なりというべき小型茄子を砂糖煮にしたものだ。いずれも柄を三、四センチと長くつけてあるのでそのまま面白い形になっている。はじめてのもので一ついただいたら、蕗やオレンジ皮の砂糖漬があるがあのてである。表面にまぶしたグラニュー糖もさらさらと、充分に煮切ってあってよく出来ていた。

大谷を出て二キロも行くと最上川の傍に出、その川西の道を川に沿って南に下る。このあたり一帯りんご林である。収穫はほぼ終っているが、それでも遅手の富士やらスターキングなどはまだ残っている。川の東側はこちら以上にはるかに広がるりんご畑で、これらの花の時期にはどれほど見事な眺めになることだろうと思われる。普通のりんごでは大き過ぎるので、道際のひめりんご、こちらは相手にもされずにいるように熟れに熟れているのを五つ六つもらって、ポケットやポシェットに詰める。驚くほど甘く、香り高くおいしい。

川通の集落で二軒ばかり寄って話を聞いたあと、一、二ばんの年かさだという志藤六郎さん（明治四十一年生れ）のお宅を訪ねる。ちょうど昼飯がすんで、老夫婦と息子さん夫婦と四人で昼休み中だった。嫁さんが、これは何、これは何といって自宅でとれた大玉のりんごを切り分けて出してくれる。瑞々しさに、はちきれそうな熟れ切った身のおいしさに、最前むすびを食べたばっかりだったのに喉元までいただく。

六郎さんは若い時から出稼ぎをした。最初に若い衆になって行ったのは新宿《あらじゅく》（同町）で、長年いたが、そのうちみんな手当のもっといい方に行くようになり、自分も小田原のみかん農家に行った。新宿では一年二百円だったのが、小田原では倍の四百円だった。その代り仕事はきつく、毎朝四時から働いた。ここで四年間頑張ったという。

こんなことで、後になっても頼まれて出稼ぎに行く折もあったのだろう、今から四十年前たばこの葉の選別に頼まれて大蕨の荒谷という集落に行った（大蕨といったら私の村である）。そこではまだガザッパを便所に使っていたという。ここ川通からは三人連れ立って行って二週間いた。それぞれ別の家に別れたらしいのだが、六郎さんはその同じ家には翌年にも続けて行き、その時にもあった。便所内、しゃがむ前にはけごに入れて下げてあった。その後大蕨にも一週間行ったが、そちらの家では新聞紙だったという。

荒谷は大蕨では少し奥まったところの集落で、そちらではガザの入手が容易だったものと思われる。川通のあたりでも古くはガザっ葉を使ったのだ。ただそれが早くに紙に代わったのであり、「ここらで使わねぐなてがらも大蕨の荒谷や送橋（朝日町）では使ってた」ということで右の話に入ったのだった。

この辺でもガザの花にはスダネがいるというらしい。六郎さんたちはそれで「春から夏さかけて、傍さもあんまり行がねがった」と。「ガザの花咲いだら豆まきだ」ともいう。

ところで私は、この人にも蝉を食べる話を聞いているのだ。油蝉だけ食べるというのも、前のてるをさんのいうのと一つである。

「油蝉だけ食べる。羽、足もいでほうろくで炒る。朝仕事の帰りに親たち（主に母親）捕ってきてけるのだけ。むよげたばんな。飛ぶようになったのではしえめるのが大変。味は変わらないげんど、多い時では十も。兄弟は十人。三つ四つでは一人に一匹あたらね、たねても（さがしても）

しぇめでこねばならね、親も大変だったべと思う。むよけたばんなのは飛べないで昼頃までかがってかたくなる。あれだけ食たて絶えね。まだ生まれるんだな。

しぇみかが（蝉の幼虫）も食べる。こちらは油蝉かどうか区別なく、柔らかい。んでも蝉の方味良《え》がったんでないべか。しぇみかがしぇめなて出はたこともあるな朝早く。ヤンマは草上でだが、蝉は木の上でむよける。松蝉やミンミン、カナカナは食べない。油蝉は油っこいんだべな」

その晩も、同じ宿、玉川屋旅館に戻る。宿がなかったらまた戻りますからお願いしますといっておいたのだ。ところで出迎えた奥さんである。表情ばかりでなく、体全体にも気づかわしさを見せて走り出て、「大丈夫でしたか」と問う。

「大谷で降りたそうですけど、そこが行くところだったんですか」

危ぶむような雰囲気がまず奇妙であった。次いで何でも見通しである。この宿は栄《さか》っていたから、朝食の時にでも私を知った人でも乗っていたのだろうとそれをいうと、そうではない。バスの運転手さんだという。彼が電話をしてきて、「お宅のお客様を大谷で降ろしたけれども、そこで大丈夫だったでしょうか」ということだった。

一遍で思い当ることがある。

普段はバスに乗ることもあまりない。少し田舎になったら、そこを起点に足で歩くのがこちらの流儀である。この朝も行く先を決めていなかった。バスの停留所は細かく幾つもある。それで運転手さんに、これはこの集落の入口にあたるのか、お終いか、集落は大きいか、小さいかなど尋ねた。

じゃそこでなどいっているのに、止まってくれたところは、二、三軒見えるだけで山の中だ。これではそこで用がすまない時はまた長時間歩くことになりそうだ。もっと家数の多いところまで何キロぐらいあるか、これも運転手に聞く。

見えるのは二、三軒でも山陰に家はあるのかも知れず、自分の足で確かめればいいのに、乗物に乗ってしまえば、楽を選び一駅でも二駅でも歩かないですまそうとする。疲れてもいたのである。そうこうするうちにこんどは町中に入り、これでは仕方がないと見過ごしていると、次はまた山の中になる。

とうとう運転手が「どこに行かれるのですか」、と聞いてきた。

「どこでもいいのですけれど」

と私。

運転手さんはほんとうに心配になってきたらしい。どこに行くのか、何という人のところをたずねるのか、その集落の名前は、そのいちばん近いところで降ろしてやると、何度もいう。呆け老人と間違えられたのである。

それにしても心配して電話をくれるとは親切なものだ。多分知った人なのだろうと思ってそれをいうと、まるっきり知らない。バス停留所が道をはさんだ向かい側で、今朝私が乗る時に、奥さんが送ってくれた、それでうちの客とわかったのだろうという。

翌朝、勝手知った奥さん、昼めし用の海苔と梅干を添えてくれていた。

福島県南会津

田島町

浅草発一時何分かの田島行き電車は、会津側に入って初の会津高原駅で三十分余待ち時間がある。今乗って来た電車は戻り、田島からはまた別の車両が来るらしい。暗くもなったし、寒いので駅の待合室で待つことにする。折しも老婦人が駅員と宿についてのやりとりをしている。駅では宿に電話したところで、部屋がある、場所はここを行ってこう行ってと、ていねいにも駅舎の外にまで出て来て示している。

直ぐそばだというので私も便乗することにする。田島まで行こうとしていたが、この時間では宿さがしも厄介であろう。駅では重ねて宿に電話して空部屋があるのを確かめてくれた。前に出た婦人は足の不自由な旦那さんと一緒で直ぐに追いついた。足立区千住の人たちで、紅葉を見ようと日帰りのつもりでこの線に乗った。でも暗くなったし、明日帰ることにしたと、事の成り行きを楽しんでいる。

だが、宿はひどかった。廊下をはさんで障子一枚のしきりは他に客がないのでまだいいものの、食事がまれに見るほどの粗末。何ヵ所か窪みの出来ている角型のプラスチックの皿にいたって少しの品数が、いたって少量のっている。一尾の川魚の空揚はどれほど使い古しの油を使ったものか、胃にもたれそうな臭いを発している。もう一つ別の小皿についた大振りのかぼちゃ二切れだけは出色の出来だ。食後、かぼちゃがうまかったこと告げると、家でとれてなんぼでもあるのだと、好人物そうなおばさんはいった。同宿の夫妻からはみかんとキャラメルの差入れを受く。

ここは田島町（現・南会津町）滝ノ原という集落である。五十戸ほどの戸数があるという。せっかく足をとめたのだからと一まわりすることにする。民宿から五十メートルも行った村入口には旅館が二軒もあるので驚く。他に民宿もまだ三軒ほどあり、少し離れるが温泉宿もあるそうだ。

訪ねた家のおじいさんは寝ていたが、嫁さんがお茶をすすめてくれたところに入って来た一人の客に相手になってもらう。この家から出た人で、おじいさんの娘なのだという。

サチさん（大正七年生れ）というその人によれば、この辺で便所に使ったのは蕗の葉っぱの他に麻《お》んがらぼうだという。麻はどこの家でも作った。おそひきとかげんべ（わらのはきもの）にわらとまぜて使うからどうでもいる。麻が入ると強い。麻がらは屋根の軒づけにもしたし、また焚きつけにもした。便所では、箸ほどの長さに折り、丸いままで使う。

サチさんは、「一人で来さしたの」と聞き、また、「こだなごと調べでさんのがの」という。こればかりでなく、昔の暮し何でも知りたいのだというと、その幾つかを語ってくれた。石けんがなかったので桑の葉を洗顔に使ったこと、生葉でも干したのでもいい、格別泡ぶくは出ず、生葉なら青汁が出るだけである。髪なら豆煮た汁がよく落ちる。正月に納豆煮る。そんな時の汁を湯に入れて洗う。毛がこりこり（つるつる）する。これはおらのおが（母親）やった。んだがらわも真似してやった。納豆煮る時の汁は煮つまって甘くなってるから、これでなのね（赤蕪干したもの）も煮るもんだけずな。なのねばりでもいいし、豆まぜてもいい。また煮豆にも砂糖代りに汁入れた。かて飯にはふうぎ（蕗）まんまも食ったし、大根葉まんまも食った。蕗は皮むいて茹で、刻む。大根葉は刻んでから塩で漬けおき、その押しの利いた桶中の葉をかっつくって（かきはがしてのような意か）きて、そのまま炊き上る途中の飯上のせる。

「これは塩気があって御飯も、んまかったわやれ、今だってんまいわやれ、納豆にまぜて食ってもいいだよ、大根葉でなくかぶらならなおいいだ」という。大根葉を干葉にしてかてにするのはどこでものやり方だが、この漬けたのはもどして刻む手間もはぶけ、かてでは上等の方なのだろう。

今一つ、直ぐにもやってみたくなるようなおからのいい料理法も聞いた。ただし時期は冬に限ることで、豆腐からをむすびのように握って凍らせる、この辺なら台所に置いただけで凍る。それをお膳の上にでもいっぱい作っておいて、味噌汁に凍ったままで放り入れる。握ってあるので扱いも便利だし、腹ごてもいいしという。名前を「豆腐から汁」という。

サチさんの話してくれる昔の子どもの遊びに、梨の葉っぱでごさまを作ったというのは珍しい。秋の梨の葉は美しく色づいて落ちる。それを拾って折ったりたたんだり、また十二単衣のように衿元を重ねたりしてでごさまにする。これは他では柿の葉で作るものだが、こちらでは使わないのかと問うと、この辺は柿の木がないという。道理で、尻拭き材料にもこれが現れなかったわけだ。

じつは私は前に会津高田の人たちから冬期用にはもっぱら柿の葉を貯え使ったことを聞いている。それでとうぜんこの一帯もその範ちゅうに入ると思っていたのだが、これより北が田島、その北隣の下郷町ぐらいまで行かなければ木がないという。

別れ際サチさんは、

「また来さっしぇ」

といってくれた。このものいいは、私の今いる秩父でとまったく一つだ。

街道をはさんでその両側にほとんど一つ並べに家々があるのがここの集落の形で、これらの家並みでは、折しも薪を割ってる家があり、猫車でそれらを運んでいる人もあり、またすでに軒高く割木を積み終えた家もある。この折は十一月半ば過ぎ、いよいよ冬ごもりの用意なのだろう。一軒の大きな家の横手にまわると、夫婦して干し菜を吊るしているところだった。

旦那さんが蔵の壁面に沿わせて立てた細木の間に縄を張り渡すのに、奥さんが姿なりに茹でてある青菜を股がせてかけていく。へう菜と、白菜だという。冬、もどして刻み、汁のみなどにする。傍には霜グミが、ほとんど落ちて地面をいろどっている中に、なお枝先に残るのもあり、しごく甘い。御主人が梯子に登って豆柿ももいでくれたが、こちらはまだ少々早く、色の黒くなったのを選ばないとひどく渋い。

田島に泊まっての翌朝は小雨、バスで西に向かう。町中から六キロほどの福米沢で降りたのは、相客の婦人もここで降りたからだった。この人の推薦で室井貴喜さん（大正三年生れ）を訪ねる。新しい家、立派な応接間に室井さんは一人いて、いつでも整えられているらしいみかんの盛と、茶菓子とお茶を出してくれた。家は建ってまだ間がない。だが、その前の家も、まだ充分しっかりしていた、自分の建てたもので、木は全部持ち山から、自分で見立てて用意したものだったから、ことにも愛着があった。でも、若い人たちがどうでも建て替えたいというので、その意に添ったのだという。

建面積も半分になって、その残りは庭になっている。私などには人ごとでさえもそんな話を聞くのは痛ましく、堪え難い思いだが、室井さんの場合、それは若い人たちへの愛情で相殺されているものらしい。家への入り道ですれ違った若い女性を、室井さんは娘といっていたが、よく聞くと嫁さんなのだ。親に対するると同じにやってくれるから、こちらも娘と呼んでいるのだという。

室井さんの屋敷にもそうだったし、集落のあちこちに柿の木のあることは、葉がすっかり落ちたあとの実の色が教えていた。滝ノ原では柿のないところと聞いていたから、この辺まで来ればもう柿はあるのですねといってみると、これは近年で、昔はほとんどなかったのだという。

「でも今はまた柿の木要らなくなり切る家が多い。尻拭きにするのに柿の葉干す人もあった」

と室井さんはいう。

他では便所にクズの葉を使うところもありますが、こちらではどうでしたろうと尋ねると、クズはこちらでは使わない、クズは馬のために大々的に刈るものだった。九月の末頃、山の口があくのを待って刈る。共有林のため、日を定めて刈りはじめるのである。当日は「鎌揃え」とて前に到着した者も焚火をするなどして一同が揃うのを待って一斉に始める。からまったクズのつるごとを鎌で刈って三尺丈ほど、一つかみずつ束ねたものをしょって帰り、家の軒下に干す。家のまわりには細木を立て、横木も何本か渡して、それに五段、六段と、縄でかきつける。家の囲り埋めるほどにしたら、一年間、間に合うといった。

馬はクズをたいそう喜ぶ、昔の人は「クゾ（クズ）は馬のシェメン（セメン）だ」といったという。シェメンは富山の薬屋が置いていく回虫駆除薬のようだ。この辺で馬のない家はなかった。室井さんの古い家も、広い土間に馬屋が備わっていたのである。馬屋は九尺四方、特別厚い板で囲ってある。馬によって、腹がへると足で壁板をたんたん蹴っとばすのがいる。根性のよくない馬だ、などと室井さんは語る。何にせよ、これだけ大事な飼料では、ただ使いすてにする便所の用になどあてられなかったのも道理であろう。

応接間にはストーブと電気カーペットと両方備えがある。もう充分あったかいですからとストーブを消してもらうと、それじゃあこっちつけるからと敷物の方にスイッチを入れ、いややっぱり寒いとストーブを入れると、こっちは要らないねと、カーペットの方を切る。ちょっとばかり忙しい。

私はこの道をさらに西に進んで駒止峠を越え、南郷村にいたる希望でいたのだが、この山道、人はもちろん、車の往来もほとんどないという。歩ききれる距離でもなく、また必ずしもそのコースに固執するものでもなかったので、田島に戻り、そこから檜枝岐《ひのえまた》行きのバスに乗る。バスは私の振り出しの滝ノ原を経由、舘岩村を通って行き、行先が檜枝岐と南郷村と二線ある。

舘岩村

バスは滝ノ原を出ると直ぐに山中に入り、およそ十五キロほど走って、舘岩村（現・南会津町）の最初の集落が現れる。その岩下で降りる。年寄をと教えてもらって訪ねた。君島義栄さん（明治四十年生れ）は倒れて以来頭が馬鹿になって駄目だといわれるが、同じ年ほどの奥さんもおられることで、わかることだけでいいからと押し強く上げてもらう。二人ともこたつで横になったり、くつろいでいたのだ。

のっけから尻拭きに使ったのは「コゴミ（クサソテツ）のような草」と、リョウメンシダが出ていささか驚く。これまでこの辺では聞いたことがないからである。

おばあさん（母親）が毎年二しょいぐらいずつしょって来た、一しょいに二把、ぶっちがえにしてかたくしばってくる。近いところにはなくて、後ろ山の尾根まで行かないとない。往復三時間ぐらいかかる。とって来たものは、家の前など地面に広げて少し干してからしまう。冬中使うが、春先となると乾いて肛門になど粉々がくっついて始末が悪い。それであんまりはしゃぐ時は水を掛けて用いた。これを使うのは、この村でもおらえの家一軒だったな、親たちはその草を「石上《いしがみ》（義栄さんの旧姓）のシェッチン（便所）紙だ」といっていたという。

そこで思いついて出身を尋ねれば、越後だという。祖父は会津に隣り合う東蒲原郡の上川村、祖母はその隣の鹿野瀬町（いずれも現・阿賀町）、磐梯山の噴火した時は会津にいて、父親が七歳だった。その父母がこの舘岩に落ち着き、義栄さんはここで生れたのである。越後のこのあたりは、まさにリョウメンシダの使用地域なのだ。ここに育った義栄さんの祖父たちは、会津に住んでもなおそのなじんだものをすてるところとならず、また親たちの代になっても、わざわざ遠路をたずねてまでその意に沿いたい心持が残っていたのだ。

しかしこれもお母さんの代で終わったようである。義栄さん自身はその草をとりに行ったことはない。代りに他の家と同様麻がらを使った。

奥さんの実家はこれより一つ下の精舎で、広い河原があったので、そこに麻がらを干したという。麻がらは前もってこしゃておく家もあったけれど、また長いままを便所の入口に横に引っかけておく家もあった。

入る前にわ（自分）がつごくて折っていく。夏は蕗の葉だった。女たちは、畑や田からの帰りにはふきっぱしったぎって（ひきちぎって）くる。刈った後に出るのは、茎が短くて葉っぱだけみたいにしてある。他に山ぶどうの葉もよかったという。

次の集落井桁まで来たら、道端に気持のよさそうな民宿があったので泊まることにする。こんな山の村に宿屋と思うと、尾瀬への行き帰りに泊まる人が多いのだという。夏の二ヵ月ほどは超満員、一年も前から予約がある。それで、このあたりどこの集落にも二、三軒ずつ民宿がある。

感が当って民宿「ますや」はいい人たちだった。中年の女主がやっており、彼女は夕食を出してくれた後、仲間との勉強会だからとかいって出掛けたので、そのお母さんと長いことおしゃべりをする。

芳賀イマノさん（大正八年生れ）の話してくれる尻拭きに、カヤを使ったというのははじめて聞くものだ。カヤの軸を麻がら同様に切って用足す。皮むいたらのめっこいから皮つきのままだ。麻がらにしてもこれにしても、束ねたなりで箱に入れてあるのから抜いて使い、使ったのは別の箱に入れる。逆手につかんで前からふいた。

イマノさんは、これより三つ下の熨斗戸《のしと》の生れである。そこから同じ村、湯の花に嫁いだ。生れ家で、麻がらやカヤを使ったのは自分の子どもの頃までだったが、嫁ぎ先ではなお後まで麻がらとカヤを使っていたという。

イマノさんは御主人が若くて亡くなった後、幼い娘二人を連れて里に帰り、それからは我無しゃらに働いた。親の強硬な反対を押し切っての結婚だったから、なおさら力が入ったのだという。主な賃取仕事は荷運びだった。田島までの往復八里（約三十二キロ）を、米やらしょうゆやら酒やら魚やら、背で運ぶ。岩下の君島さんがいっておられたが、この辺、田んぼが出来たのは昭和八年だという。その後も直ぐに需要を充たすところとはならず、若松から米は買って食べた。

こうした荷運びは夏は馬車があるのだが、雪路となると、すべて人力に頼ることになるのである。重い荷をしょった上、雪路ではさぞや八里の道はきつかったであろう。この辺では「雪路とあんころ餅は後ほどがいい」といって、人の踏み跡をたどって歩を進めるのである（あんころ餅が後がいいのは、餡《あんこ》が濃くなるからだろうとのことだった）。イマノさんは、重いものでは二斗樽（一斗は一升の十倍）をしょったことがある。最高に重いのでは三斗五升まであった。だがこれだけの重量になると、一人ではなく、三人ほどで組んで、「繰りしょい」といって交替しながら負うのだという。

四つ、五つになる妹娘が小便所に落ちたのもこんな力仕事の重なる折だった。明け方近く一人で小便に起きて、すべって小便溜の中にひっくり返った。母親にそんな小さい者一人でやらせて、なして付いていってやらないと怒られたが、ああ行くとこだなとわかっていてもこわくて（きつくて）

おくるどこでなかったという。セッチン（便所）は家の外だったものの、小便だめは家の内、入口入って直ぐにあった。

上には板が渡してあるが、周囲はいつもじとじとしている。そこに幼い者は下駄をはいて行ってすべったのだという。大人も子どもも、用足し行くには決まって下駄はいたものだった。大急ぎで湯を沸かして洗ってやったが、今思い出してもむぞうさい（可哀想な）子だなと哀れもよおすと語る。

翌朝、もう少し歳の人にも逢いたいといってみると、じゃああの人がいいと女主は阿久津たかさん（明治三十八年生れ）を呼んでくれた。だいぶ時間がかかったと思ったら、頭もきれいに結って、おめかしして来てくれたようだ。こたつに入って何か昔の話をしてやらねばと思うのだろう、こんな話をした。

「お前さまも聞かしゃったことあんべや、ここの先に高杖原というとこがある。三畝ぐらいの池がある広い場所で、今はスキー場が出来てるとこだ。ここがなしてたかつえていう名になったかっていうと、昔高倉宮さまが越後へ落ちのびられる時にここを通りなさった。そういう道が昔はあったんだ。そしてそこの山で稼いでいた村の者に、何か口にするものはないかていいあったんだど、村の男、こだな場所では何一つないと思ったげんと、ちょうどしばっ栗がみのってい

ただで、『食ってみさっしぇ』と差し上げた。宮さまその味ばたいそう喜ばしゃって、

みちのくの南の山の小柴栗

大宮人は知らず過ぎゆく

てうた読ましゃった。その時、応待したというのが、長造爺の家だて、死んだ亭主がおらさ教えやんした。

たかつえにはかしゃ（柏）の木が多い。高倉宮さまがその折ついてござっしゃった杖ばヤジささした、それから根づいてかしゃの木が茂った。前はどこの家でも高杖さかしゃの葉拾いに行った。十枚ぐらいずつ縄に連に吊るして干しておく。祝ごとには必ずかしゃ使うことで、三、四枚におこわ包んでスゲかわらでくるなどする。これほど大きいかしゃは高杖でないとない。そこまで行くのは大変だはげ、飯豊《いいで》の盤一郎の家では根こそぎ持って来て植えてみたげんと、出て来た葉は大きくならねかった」

イマノさんも座にまじってくれ、話は夕べの二人の話題の反復のようになった。

たかさんは「古雑誌ばせっちんさ使った時は罰《ばち》たがんめがと思ったたっけが、近頃はなあ、ぜいたくにぜいたくに使って、今に罰《ばみ》たがっとな」

といっている。

昼の時刻をだいぶ過ごしてから井桁を出たので、舘岩川沿いに八総、森戸を経、熨斗戸に着いた時は夕方近くになっていた。熨斗戸では確かめたいことがあった。ここが里のイマノさんが「家によっては『げすのごい拾いだ』といって栃の葉や、シナの木の葉拾って来ていた」といったからで、はじめて耳にするシナの葉について、もう少し様子を聞きたかった。年寄ならあそこの家に行きなさいといわれて訪ねた星ヨシさんはしかし、あらかた記憶が薄れているようだった。そこに中年過ぎの男の人が訪ねて来て、この人が、シナの葉ではないが、また別の材料の話をしてくれた。

川向かいの伊与戸《いよと》などでは、クロビを使っていたという。

「クロビは青森なんかだとネズッコと呼ぶ木だ。よく割れる木で、風呂桶・味噌桶・酒樽などを作る。伊与戸などで見るのは箸ぐらいの長さ、幅はそれよりもっと広い（指で示すのを見ると二・五センチぐらい）。『すてぎ』と呼んでいた。クロビは高い山にしかない木で、それも崖の上の、伐るにおっかないようなとこばかりにある。今はそのクロビがほとんどない。

昔、桶屋は『松桶屋』といって今市から来ていた。この人の死んだ後、村の者で習って桶屋をした人がいた。森戸に出て商売やっていたんだが、クロビがなくなったので今はやっていない。桶屋がまわって来た時分は、家々でクロビ割っておくのを桶屋がかんなかけて、合わせ目に竹釘打ってたがをはめ桶にする。クロビでは他に半切、手桶、柄杓も拵えた。腐んない木だ。割鉈《わりなた》を作って割る」

この人、湯田国春さん（昭和三年生れ）は、昔は便所にはクロビを多く使ったのではないかなという。麻がらもあったが、その麻の栽培がこの辺で行われるようになったのは明治の終り頃からだから、それ以前はどうしてもクロビなどだろうとの強い考えだ。他に木の葉もあることだが、クロビが非常によく割れて、そして木の入手も容易であった時代があったのならその可能性も大いにあるのだ。

何の話からだったか、ここでも高杖のかしゃっぱの話が出た。土用過ぎ、七月末に高杖に取りに行くことで、小さい木の方が葉が大きいという。それを十枚ぐらいずつ重ねて縄で編んで干し、貯えるというところは井桁のたかさんたちのいうのとまったく共通だ。包み紙代りだったと。

湯の花

舘岩村は、およそ東から西に向かって流れる舘岩川と、これより分かれて南に二筋、湯岐川《ゆのまたがわ》と、西根川に沿った集落よりなり立っている。その一つ、湯岐川の上の湯ノ花温泉で夕べは泊まる。家々がみんな民宿をやっているような看板ばかりが目につくが、それに灯が入っていなかったり、ほとんど人影もなく静かな温泉地だ。

朝いちばんに訪ねた大山ウメノさん（大正二年生れ）は、今日は漬物をしなければと思っているのだがといいながら、まだ一人でこたつに入っていた。

彼女は、このあたりの昔の食糧事情の悪さを語る。食える草は何でもかてにした。うりい（ウルイ）、みずな（ウワバミソウ）、はっかけしょうぶ（カンゾウ）、あざみの一種で刺なく葉の丸い、丈もよほど高くなる、それはいちばんよかった。はっかけしょうぶは十センチぐらいまでの若い間、田のくろ（畔）にあるが、よくとるので近くにはなくなった。これはうまくない。煮ると泡ぶくが立つ。いずれも雑炊に炊くのであり、貝原（同村）の姉の家では三度三度みずな雑炊だった。みずなは沢に行けばいくらでもある。食《か》ねのはかやんぼえ（新芽）とあざみぐらいだといったものだった。ウメノさんの家では、とりわけ新宅で田がなかったので苦労した。その後田の小作をし、十五年ぐらい借りてたが、そうなってからは楽だった。

このあたりも水田はいつ頃から開かれたものか、そう早くもないし、水田面積にしてもごく少なかったように思う。こうした山間部では水田の皆無なところ、またあっても、いたって近年になって作られたものであることを耳にすることが多くて驚かされるものだ。

便所に使う材料は、このあたりでもカヤである。

「どこでもかやん棒ばりだった。根元の太い方ばり、三本ぐらいとるようだった。実家の貝原ですさま（父親）やっていた。皮はつけたままではねえ、きれいにむいて、もしも皮ついたのあったら、使う時にむいてやる。どうでもいるもんだはげ何でかんで束にしてとっておく。貝原では麻を作ったので麻がらも使ったげんと、こっちに嫁に来てからはかやん棒ばりだった。使い終ったのは、貝原でならごみすてばがあってその土手に投《な》げた。こっちでは決まったどこながったんだから、川端さ投げだんだったべなあ」

カヤは山の村では、屋根葺からはじまって雪囲い用、堆肥用とどうでも用意されるものである。そのカヤを刈るのにも山の口があって、十月頃、ウメノさんたちは二百ぼっちも刈った。一ぼっちは、一把の大きさ両手で掴むほどのもので、これを六把裾広がりに立てまわして横に二ヵ所しばったものである。こうして立てて干してから家に運ぶ。カヤは丈が高く、狭い山道など歩くのに容易でないのに、ウメノさんたちは六把を束にしたもの五束しょう。三束しょったのに、さらに上に二束のせる。もっともこれは手を貸す人がいる場合である。一人の折は三束である。運んだカヤは前にいうような用途に使った他、押切りで刻み、積んで置いて田畑にまいた。つまり、堆肥にしたのだ。

こんなわけで便所の用にあてるカヤは、改まって用意するまでもなく、常に手許にあったのである。

そのカヤぼっちを次の小字石湯で見た。湯ノ花とここと、一キロとも離れない場所で、ここにも温泉が湧いているらしい。イマノさんの語ってくれたとおり、数は六把、そのボッチが家傍の畑に三つばかり立ててある。小屋の軒にはクズの束も積んであり、そしてその際にはカヤを切ったものが山をなしている。切ってある丈は多く二十センチぐらい、カヤばかりでなくヨシも混じっている。こうして積んで堆肥にするのだろう。

カヤの使用は次の貝原も同様であった。馬に踏ませるのに押切りで切る時、元のかたいところ一段ほどを取り分けてきれいに皮をむいて使った。カヤの皮は、手触り荒々しく、これがあってはのめっこい以上に不都合があるのだろう。

この日は、もう一つの川筋、西根川のほとんど最奥の、これも温泉地である木賊《とくさ》に宿とった。

木賊

翌朝民宿福本屋の奥さんに、年寄の人に話を聞きたいというと、「それじゃあクニ婆だな」という。この人たち夫婦二人とものおばさんだという。家の前にしっかり割木を積み上げた大きな家に伺うと、クニ子さん（大正八年生れ）はこたつにあたってミニチュアの草履編みをしていた。材料はヒロロと呼ぶ菅《すげ》、清々しい浅緑色をしている。鎌で刈るのではなくて、「足でふんじめえておいて抜く」のだそうだ。普通は簑の材料にする。

草履は縦でも二センチは越えない小さなものの、それを小さな厚紙の台紙に貼り、それだけでも面白くないというらしい。旦那さん自作の唄がつけてある。これは彼が書いてコピーしてくれたものだそうだ。

木賊は近年観光客が増え、ことにも埼玉県大宮市の青少年のための大々的な施設が出来、賑やかになった。クニ子さんもそこの求めで子どもたちにわら仕事教えに行ったりして、お陰で何人もの友だちが出来たと、交流を楽しんでいる風だ。この手なぐさみに作っている小草履も、そうしたところに置くと二百円で買ってってくれるという。

こんな小さいものだから、使う菅《すげ》の数も五、六本ですむので、頼んで私も習わせてもらう。これまで自己流でやっていたが、どうしても爪先と、緒をつけるところがうまくいかなかったのだ。クニ子さんは相手があると張合いがある、もう一晩泊まって遊んで行がっせなどといっている。

クニ子さんから便所の出て来る昔話を聞く。これは一般に「三枚の札」として知られていて、山形で私なども よく聞かされたものだった。だが、ここのは少しずつ語り口が違うところがある。クニ子さんも半分もう忘れたというのだが、大概こんなものである。

「お寺の小僧が栗拾いに行くのに、そこには鬼んばがいるから気をつけいよ、もし困ったことが起きたら使うようにと和尚さんが三枚の札を持たす。小僧はあんまり栗拾いに夢中になっているうちに夜になり一軒の家で泊めてもらう。そこにはおがあ一人いて、小僧が寝てる顔を『めんごいな』『めんごいな』て撫でるうち手に刺が出て来る、小僧、こりゃあ鬼んばだとけじろった（気付いた）。何とか逃げる方法がないかと考えて、『とんぼう（便所）さ行きたぐなった』といったら、んだら逃げねようにと腰さ縄をしばってやる。小僧トンボウにいると、鬼んばが『まだか』というので『まだだ』とこたえる。そのうち小僧縄をほどいて何かにしばって（私たちのではキンカクシにしばって、身代りに返事してくれるように頼むのだった）逃げ出す。気づいた鬼んばが追って来てもうつかまりそうになるので『大川なれ』といって一枚の札を放ると、後ろに大きな川が出来た。鬼んばはそばの松の木ひっこ抜いて橋にし、直ぐまた後ろまで来たので二枚目の札を『大山なれ』とまた、次には『大火事なれ』と三枚目を放る。

さて、やっと寺に着いて、その後の問答である。

『和尚さん和尚さん早く戸開けてけろ、鬼んばに追っかけられてる』

『待でよう、今起きっから』

『和尚さん和尚さん、早く早く中入っじぇけろ』

『待でような今足袋はくから』
『和尚さん早く早く鬼んばにつかまってしまう』
『待てような、今顔洗うから』

小僧じんだァ（地だんだ）踏んで『早く早く』いうところにやっと戸が開いて小僧転がりこむ。和尚さんと鬼んばとの問答があって、卵に化けさせ、煮て食って終る」

最後の小僧と和尚とのやりとりを私が面白がって、復唱してみせるのをクニ子さんは、

「ほんだほんだ、さんざんじらせばいいのだ」と要点教える。

トンボウは普通家への入り口をいう。便所にもこの名が用いられるのは、それがトンボウ（入口）の際にあったからの隠語のようになっているものらしい。もう一名セッチンもあり、セッチンがみさまのいいようもある。もち（正月十五日）の団子さしには、五粒ほどさした一枝をセッチンがみさまにとて便所にさし、二十日におろして虫やみしないとか、病気しないとかいって家中で食べる。また、これも広い地域で行われるものだが、生れ子を一おびや（七日）ぐらいに抱いて便所に連れ行く習いがこの地方にもあり、「せっちんめえり」と称する。

昔話を聞いた後、便所に関する謎はないかと尋ねたのに、クニ子さん愉快なのを聞かせた。

骨なし　皮なし　ほやり　ほったり

「ほやり」はほやほや、ほったりは、落ちるさまらしい。答はばっこ（大便）。

昼になって、家脇で木工仕事のようなことをしていた御主人の孫吉さんも入って来た。そして、お土産に唄の書いた草履をもらったと告げると、「そんなら俺もやるかな」といって、小皿ほどの木の刳皿《くりざら》二枚とシャモジ二つ出してくれた。長柄のヘラの形の美しいこと、ブナが材料になっている。昔は商売にしたこともあるけれど、今はただ道楽にしているという。木皿は一つは桑、一つは栗、丸のみの刃型そのまま一列に並んで菊の花型のような内壁になっており、単純、明解、何とも可愛らしい。

山に住んで材料がいくらも手に入る私も帰ったらさっそく真似しようと、道具も見せてもらい、その段取りを教えてもらう。クニ子さんは、この人はほんとうにやるつもりだよとあきれている。

穴原

木賊の下にはほとんど家がないので、ヒッチハイクして穴原の手前まで来る。車も滅多に通らず、土木作業に関わっている車だ。穴原に入って様子尋ねようと寄った家に、ちょうどよく年の人がいて上げてもらう。横になった若い女性とこたつに入っていた芳賀はなよさんは、立って赤蕪の漬物と、菊の花の甘酢ひたしを出してくれる。蕪《かぶ》はこの村の特産だそうで、これまでにも寒さの中洗ったり、根を切るなどの下ごしらえをしている人たちがいたし、また外で漬け込み中の人も見た。以前は焼畑に作ってたいそう多くとれたが、今はそれがないせいかよく出来ないそうだ。

はなよさんも、食べものの乏しかったことを話す。お母さんは熨斗戸から嫁に来ている。その熨斗戸では饑饉年には「せっちん（便所）ごもまで食った」と聞かせたそうである。せっちんの入口には以前コモを下げたのである。そんな年でなくとも、食糧は常に不足の状態、まして嫁にまわる分は少なく、粥なども汁ばかりになり、鍋にくっついた糊までなめるが、食後の洗いまわししている間にもう腹がへる。はなよさんは家つきでそうした苦労はしなかったが、母親がそれをいって、近所の嫁たちが通ると呼び入れて「ここで食ってしまえ」とよく何かしら食べさせていたという。

便所はセッチンともいい、トンボウともいう。だがまた、友だち同志などではニホンバシともいう。「にほんばしさ行ってくるがら」などという。以前の便所は、埋めた溜桶の上に二本の板を渡したからである。後になると、桶が大型になるせいか、二本ではなく、六枚でも七枚でも渡すのが多かったそうだが、そのどちらにしても板と板の間を少し離して置いて、そこから用便するのである。

板は厚板なものの、固定するわけではないから、端を踏みつければ一方が動く。しごく危なっかしい。これでは溜へ落ちこむ事故もいくらでも起ったろうと思うのだが、はなよさんの子どもの時分、隣の子が落ちたことがあったそうだ。(『落し紙以前』)

当時の尻拭き材料は、ここでも麻がらにカヤん棒であった。この落ちた子がきれいに取れたかどうか見ようとして落ちたというのは、幼い子には扱いの少し難しいこれらすてぎを使ったせいだったのだろうか、それとも寒い時でなかったというから、蕗の葉っぱでもあったろうか。

一緒にこたつに入っていた中年になりかかるぐらいの若い女性は、最初から腹這いになって書類のようなの読んでいたのだが、「挨拶もしないですみませんでした」と素直に詫びることば残して帰っていった。いちばん下の川衣に嫁いでいる娘さんだという。

この人は長いこと東京にいて、勤めも面白くていたのだが、はなよさんが、姉は遠くにやってしまったことであり、一人だけはどうしても身近におきたいと無理に呼びもどしてこちらに嫁がせた。だが、常々その不本意さがあったのだろう、なかなか山の暮し、人々に馴染めない。

向こうの家では嫁さんを大事にして百姓は何もさせないでいたけれど、しゅうとめさんが野良から帰って「ああこわい（きつい）、こわい」といったり、汗を拭くだけで、それが自分へのあてつけのようで堪えられない。子どもは一人出来たが、すっかり痩せ細ってしまって、一度は本気になって逃げて来て、東京さ行がしてけろといった。だが、はなよさんはそちらのお母さんをよく知っていて、その点では心配しなかったからいい含めて帰らせた。

この後、娘さんは百姓に手を出しはじめ、そしたらそれが面白くってすっかり入りこみ、もちろん、ノイローゼの源も霧散し、百姓仕事もいろいろ研究し手を広げ、今では耕運機も自分で運転して米も沢山の収量上げる。今日もはなよさんの食べる米を一俵運んで来てくれたところだった。何かといえば直ぐ来てもらえるし、近くにおいて本当によかったと思ってるという。

娘さんの帰った後に、隣家のタケ子さん（大正十三年生れ）が来た。この人、昔の蛍の多かったことを聞かす。

「空が蛍の光で明るくなるほどにいた。子どもの時には夜になると箒を持って『蛍はぎに行くべ』といって蛍はぎに行った」

蛍を掃くというものいいがいかにもおかしい。掃ぎ落した蛍は、青葱の長い葉っぱに入れた。緑を通して薄灯が外ににじみ出る。口は開いたまま蓋の要もなかった。

あとがき

考えられないことが起ってしまった。東日本大震災である。私は海の傍ばかり、たふたふと海の潮の聞こえそうな近間を歩いた。

岩手県大船渡市の吉田長六さん、合足の上野さんたち、綾里の木下由美子さん、それから前に歩いた山田町大沢の海のすぐ傍、ご主人が遠洋航海中だった伊藤清道さんのご一家、これは私を泊めてくれた人たちである。宮城県唐桑町の吾妻富雄さん、これも同じく泊めてくれた家、同じく北上町大指の佐藤きくのさん。

幸せといえばいえなくもない、私に話を聞かせてくれた人たちは、すでに世を去っているかも知れない。しかしその子や孫たちは津波を逃げ遂せたのだろうか。

続けて福島原発の事故、はじめはラジオに釘付けになっていたけれど、途中からは聞くにしのびない。生き物との別れ、捨てられた犬、猫の嘆き。一日も早く自分の故郷に無事帰りつける日が来ることを切に願うばかりである。

この本についての心残りは、はしがきにもちょっと述べたが、「キンカクシの謎」で、もう一度八重山の方へ足を伸ばしたいことだった。そのつもりだった。そのつもりで短く切り上げたのであった。そうすればもっとしっかりした物言いが出来たはずである。この想い、若い人たちに委ねたいと思う。

毎度世話をかけている編集部の松永裕衣子さん、入力者の新庄全公子さんに多大の礼と感謝を述べる。

この本が出来上ったのも、嫌がらずに話してくれた皆々様のお陰である。宿を与えてくれた皆様にはなお嬉しかった。お礼を申し述べます。

五月十五日

斎藤　たま

斎藤 たま（さいとう・たま）

1936年、山形県東村山郡山辺町に生まれる。高校卒業後、東京の本屋で働く。1971年より民俗収集の旅に入る。現在、秩父市在住。

著書に『野にあそぶ』（平凡社）、『南島紀行』『あやとり、いととり』（共に福音館書店）、『生とものの け』『死とものの け』『行事とものの け』『ことばの旅』『秩父浦山ぐらし』（いずれも新宿書房）、『村山のことば』（東北出版企画）、『落し紙以前』『まよけの民俗誌』『箸の民俗誌』『賽銭の民俗誌』『わらの民俗誌』（いずれも論創社）ほか。

便所の民俗誌

2011年7月25日　初版第1刷発行
2022年10月1日　初版第2刷発行

著　者　斎藤　たま
発行者　森下　紀夫
発行所　論　創　社
東京都千代田区神田神保町 2-23　北井ビル
tel. 03(3264)5254　fax. 03(3264)5232
http://www.ronso.co.jp/
振替口座 00160-1-155266

印刷·製本　中央精版印刷

ISBN978-4-8460-1072-0　C0039　Printed in Japan

斎藤たまの

北海道から沖縄まで、ある時は＜まよけ＞を、
集落をくまなく歩いて、今、消え

民俗学を支えるフィールド

四六判・上製・二八八頁　二五〇〇円（＋税）

四六判・上製・二三二頁　二三〇〇円（＋税）

四六判・上製・二四〇頁　二三〇〇円（＋税）

第1期・

全5巻完結　！